Kaohsiung

高雄巷弄日和

文創聚落、朝氣小舖、
輕食咖啡，暢遊陽光海港城新亮點

陳婷芳／著 曾信耀／攝

高雄人的「戇膽」，讓海派港都多了「人味」滋養城市氛圍

還記得十多年前在中山大學唸書時，常從西子灣隧道口徒步到校門口外，那時三天兩頭就會到燒肉蛋餅早餐店報到，有時還會騎摩托車大老遠到高師大，只為了喝一碗燒仙草。「那些年，我們一起……」這樣的造句法，常常在某些熟悉的高雄街頭場景一閃而過，想起來依然會不經意地會心一笑。

不過，真正熟悉高雄，其實應該是自特約記者工作開始，從駁二藝術特區第一年的報導，再到撰寫世運主場館、高雄展覽館、高雄市立圖書館總館，這些國際級建築一座座落成啟用的最新訊息，還有無數次的捷運專題，甚至是追蹤陸續完工的輕軌建設……在一次次報導中，彷彿側寫了這座城市的改變。每一次見證都市更新，都會有些期待；而與舊時代逝去告別時，又難免有些感慨。

最捨不得改變的是左營眷村，那曾經燦爛的大時代，讓人不由得想起余秋雨說的「你的過去我來不及參與」。在電視劇「光陰的故事」推波助瀾之下，眷村熱潮風靡了一陣子，北中南亦各有一處代表性的彩繪眷村。左營自助新村就以「在眷村裡迷路」做為最後的落幕身影，小女孩

們在眷村老屋上寫著「回憶未乾，無法停止倒轉，只是快轉」，想想這些年的心境不也如此啊！

同樣屬於舊時空背景的，還有捷運美麗島站的大港埔、鹽埕區的大溝頂、鼓山區的哈瑪星，設計人以文創思維持續注入老城區，讓高雄這座城市面貌迥異於其他大都會。此外，手沖咖啡店一間接一間地開，手作工作室、獨立書店也吸引愈來愈多年輕人樂於投入小眾市場，這種「憨膽」在高雄人身上還看得到，總覺得這就是一個城市的希望與美好。

若以一個「外人」的視角觀察高雄的話，或許會覺得這座城市的「人」味真的變多了，但並非以往高雄給人的草根形象，而是有一股「人文」的味道，高雄人不再那麼在意海派的場面，不一定要很大間的店面，也不是非得要俗擱大碗，開一間迷你的小店夠過日子就好。

很感謝山岳的編輯、設計者與所有夥伴們的邀請，難得有機會可以走進巷弄寫書，也靜下心來好好整理自己一路成長的記憶，希望此時此刻的自己，仍是當年莫忘初衷的勇敢女孩。另外，這本書的問世，最重要的是特別感謝此次受訪店家，以及六本木攝影耀哥、蔡宗昇大哥，還有我的大學好麻吉步青、文婷和諸多好友、家人們給予推薦和建議。謝謝，謝謝，謝謝，因為很重要，所以要說三遍！

contents

北紅線：南岡山站－美麗島站

南紅線：美麗島站－小港站

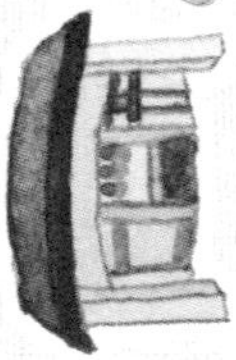

西橋線：西子灣站－美麗島站

東橘線：美麗島站－大寮站

特別企劃

高雄捷運，帶你輕快跳上時代的列車

高雄不但有捷運，也即將啟動環狀輕軌，而且繼世運主場館、高雄市立圖書館總館、高雄展覽館、捷運美麗島站、中央公園站紛紛邀請國際大師操刀，在不久的將來，高雄海洋文化及流行音樂中心、衛武營藝術文化中心等世界級建築也要陸續落成了。高雄翻轉的速度之快，每隔一段時日就會令人耳目一新，亦飛快地拉開與其他城市的差距，每個階段的大躍進都具有劃時代的意義。

港都，其實是多數人對高雄的城市印象，經典台語歌謠〈港都夜雨〉就唱出了高雄的美麗與哀愁。百年前的打狗小漁港、日治時期被賦予肩負國家經濟重責的工業港口城市，爾後更成就了台灣經濟奇蹟的光輝年代，高雄從過去的工業港不斷蛻變，對照如今積極建設的亞洲新灣區願景，高雄早已褪去重工業、文化沙漠的刻板印象。

「那些年，我們一起追過的高雄。」你還記得多少呢？橋頭糖廠已經成了藝術家駐村之地，左營眷村留下了老屋彩繪的最後一抹風華，高雄港站（舊打狗驛）空間活化為打狗鐵道故事館，高雄鹽埕碼頭從一座閒置舊倉庫的改造開始，構築出全台知名、每年四百萬人次到訪的駁二藝術特區，堀江商圈的大溝頂變成新的文創亮點，重修後古色古香的鳳儀書院真的很不一樣了，不妨搭捷運重新溫習看看吧！

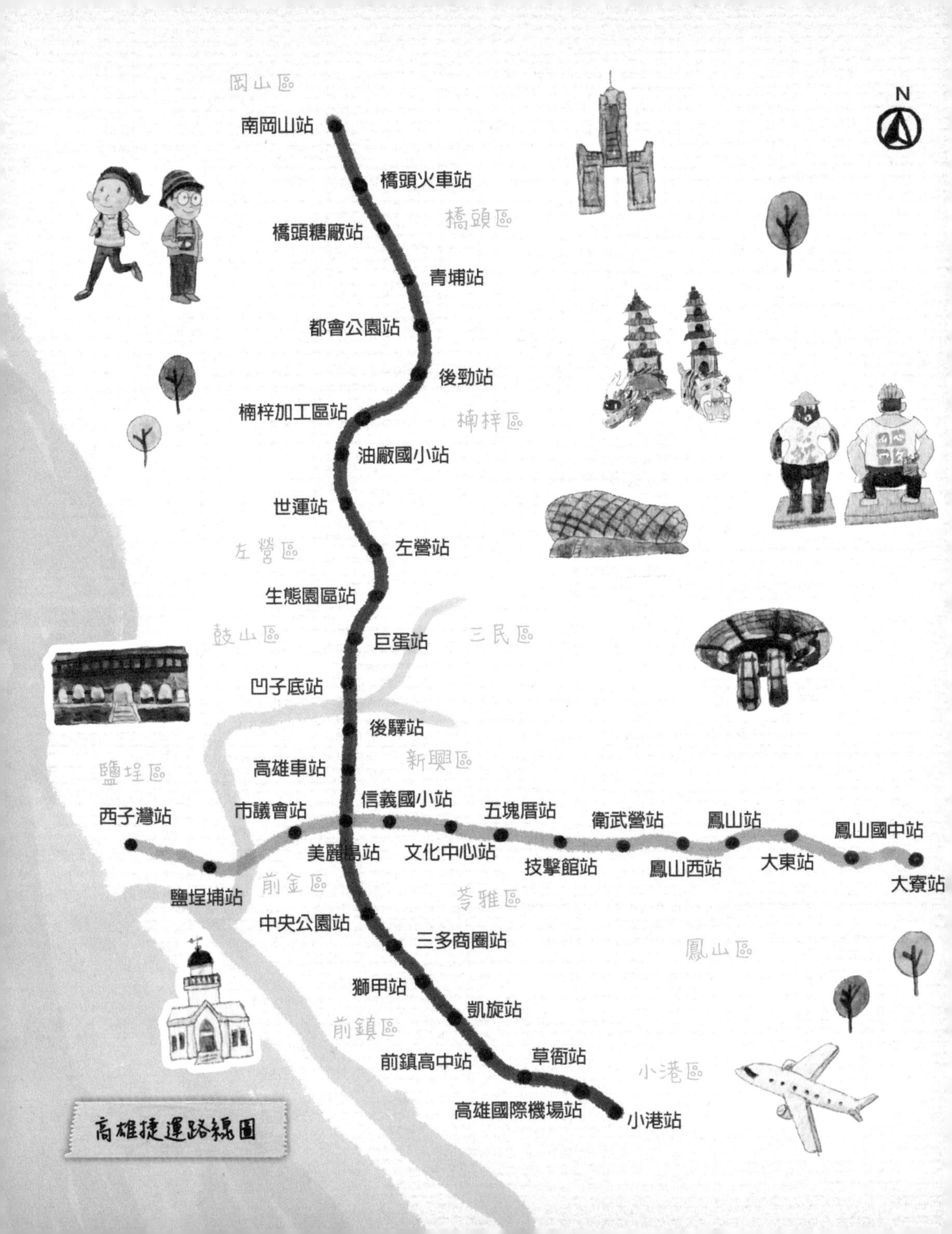

N
岡山區
南岡山站
橋頭火車站
橋頭區
橋頭糖廠站
青埔站
都會公園站
後勁站
楠梓加工區站
楠梓區
油廠國小站
世運站
左營區
左營站
生態園區站
鼓山區
巨蛋站
三民區
凹子底站
後驛站
新興區
鹽埕區
高雄車站
西子灣站
市議會站
信義國小站
五塊厝站
衛武營站
鳳山站
鳳山國中站
美麗島站
文化中心站
技擊館站
鳳山西站
大東站
大寮站
鹽埕埔站
前金區
苓雅區
中央公園站
三多商圈站
鳳山區
獅甲站
凱旋站
前鎮區
前鎮高中站
草衙站
小港區
高雄國際機場站
小港站
高雄捷運路線圖

念念不忘，必有迴響

北紅線：南岡山站－美麗島站

關於北高雄，一直以來給人的印象都是軍事重地，
在世代的鴻溝裡，岡山空軍基地、左營海軍基地，
那些年，總繞不開眷村的話題。
當戰時的竹籬笆逐漸褪去了防衛的色彩，
平地而起的高樓，百貨商店街簇擁的商圈，
北高雄猶如地產界的新星，聚焦了所有的目光，
高美館、高雄巨蛋，有文青，有娛樂，
生活真的變得多采多姿了。
在糖廠裡穿旗袍照相、喝手沖咖啡，
眷村裡還出現了老外賣熱狗，
在此生活也可以過得有滋有味！

❶ SUSU BOX
❷ 生秀的門 Rusty Door
❸ 阿硬咖啡店
❹ 天文咖啡館
❺ Bark! 熱狗叫
❻ Double Soul coffee&bistro
❼ Conway's 英國小館
❽ 音樂盒法式鄉村餐廳
❾ 李星星咚吃咚吃
❿ Onward Café 安窩咖啡
⓫ 日光貓
⓬ 初日珈琲
⓭ 沙丘南特早午餐
⓮ Zeko Cafe 日口珈琲
⓯ Vanilla Beans 香草莢手作甜點咖啡
⓰ Lepain 巴黎波波
⓱ 火腿看書
⓲ 河邊生活（高雄店）
⓳ 白色記憶藝術空間
⓴ Bikecoffee 拜克咖啡
㉑ Camera Coffee 卡麥拉咖啡
㉒ 春陽綠舍輕食背包
㉓ 起家厝
㉔ 小巷貝果
㉕ Entrance 安全室

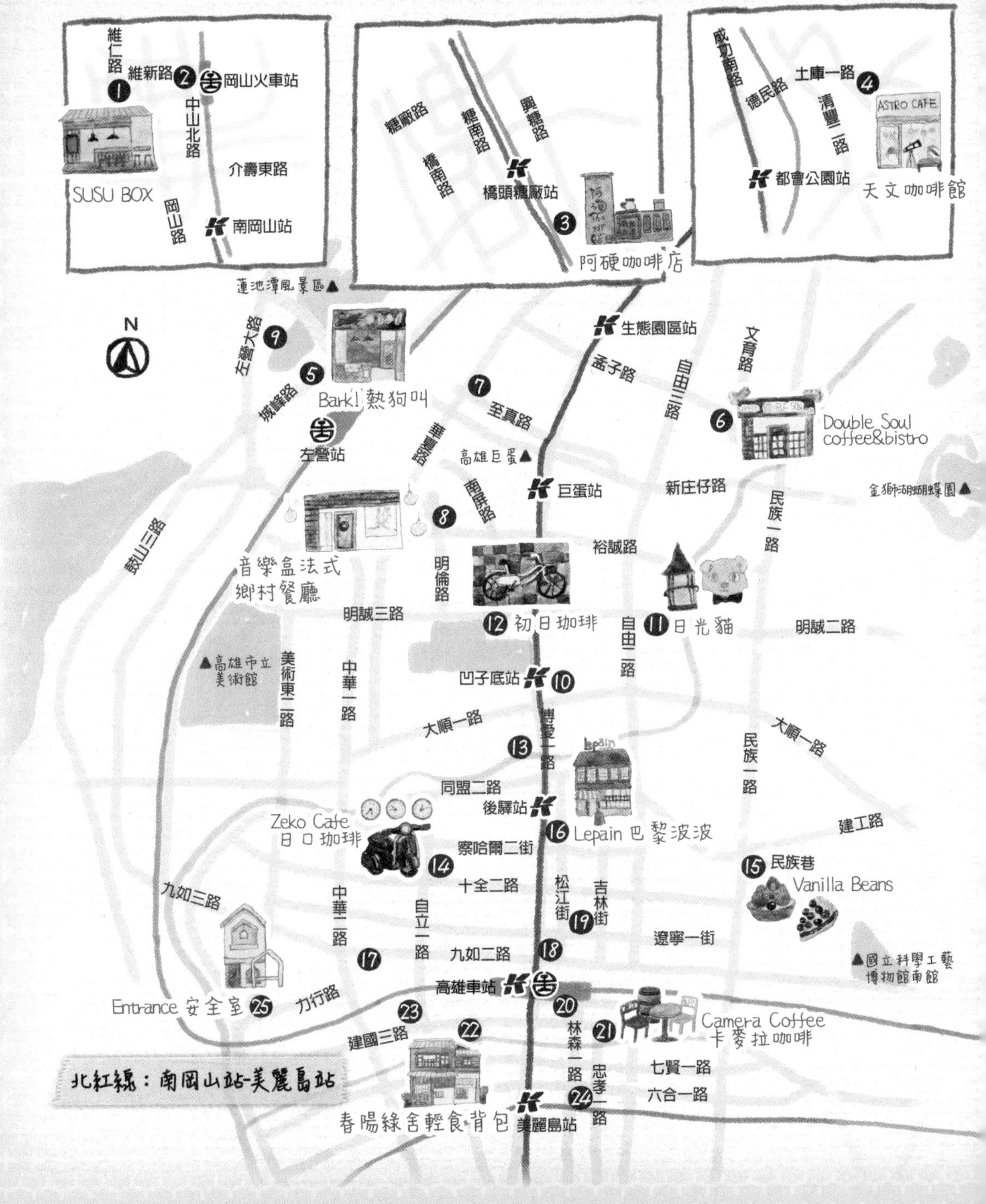

北紅線：南岡山站-美麗島站
SUSU BOX
維仁路
維新路
岡山火車站
中山北路
介壽東路
岡山路
南岡山站
糖廠路
糖南路
興糖路
橋南路
橋頭糖廠站
阿硬咖啡店
成功南路
德民路
土庫一路
清豐二路
都會公園站
ASTRO CAFE
天文咖啡館
蓮池潭風景區
N
左營大路
城峰路
Bark! 熱狗叫
左營站
生態園區站
孟子路
至真路
華夏路
高雄巨蛋
巨蛋站
自由三路
文育路
Double Soul coffee&bistro
新庄仔路
民族一路
金獅湖蝴蝶園
鼓山三路
音樂盒法式鄉村餐廳
南屏路
裕誠路
明倫路
明誠三路
初日珈琲
自由二路
日光貓
明誠二路
高雄市立美術館
美術東二路
中華一路
凹子底站
博愛一路
大順一路
同盟二路
後驛站
Lepain 巴黎波波
Zeko Cafe 日口珈琲
察哈爾二街
十全二路
民族一路
建工路
民族巷
Vanilla Beans
九如三路
中華二路
自立一路
松江街
吉林街
遼寧一街
九如二路
國立科學工藝博物館南館
高雄車站
Entrance 安全室
力行路
建國三路
林森一路
Camera Coffee 卡麥拉咖啡
忠孝一路
七賢一路
六合一路
春陽綠舍輕食背包
美麗島站

迷你三明治早餐咖啡吧 SUSU BOX

咖啡做拉花處理。

SUSU BOX面對著岡山國小，且鄰近岡山文賢市場，巷弄裡的畸零地讓它呈現不規則的迷你空間，緊鄰巷道路邊的吧台擺著三、四張椅凳，在不趕路的早晨，坐在吧台前慢慢吃早餐、喝咖啡，連路人都能感受這股悠閒的好心情，偶有三五成群的年輕人站在吧台前自拍合影，也有許多自行車友常常成群結隊到此一遊，令平凡恬靜的巷弄生活時不時橫生趣味插曲。

木造門面搭配小黑板手寫字，SUSU BOX溫暖的空間設計，第一眼予人日本小店的印象，招牌上畫著三輪車，透露出老闆俊田和紀廷兩人偏愛巷弄取靜的生活方式。俊田專注沖煮咖啡，背後的紀廷則是忙著準備盒酥三明治，雖是早餐店，但因俊田對手沖咖啡的熱情，每週供應兩款手沖單品黑咖啡，甚至即使是客人外帶咖啡，他也會「厚工」做拉花處理，俊田笑說，自己樂在其中，同時又能帶給客人驚喜，這樣才叫做賓主盡歡啊！

SUSU BOX的盒酥三明治都是現點現做，紀廷說，販售盒酥三明治其實是緣起於兒時愛吃的炭烤土司改良而來，但口味的搭配完全是西餐概念，例如芥末籽沙拉、義式番茄、蘑菇米燻雞、起司玉米，又或者芋香棉花糖、香蕉巧克力等甜點輕食，紀廷建議，盒酥三明治最佳賞味期為三十分鐘，不妨當作散步點心，趁熱吃，也可順道去逛逛市場。

SUSU BOX

臨近捷運：南岡山站
地址：高雄市岡山區維仁路30巷6號
電話：0985-826-819
時間：06:30～12:00

1
2 3 4

1. SUSU BOX迷你吧。**2.** 俊田和紀廷偏愛巷弄小店生活感。**3.** 外帶咖啡也會做拉花處理。**4.** 盒酥三明治現點現做，當作散步甜食。

1 2 4
3 5

1. 工業風的室內裝潢。2. 牛肉蒜香餅乾飯。3. 帕里尼配薯條。4. 阿法奇朵咖啡。5. 輕食料理。

淋漓盡致的工業風設計
生秀的門 Rusty Door

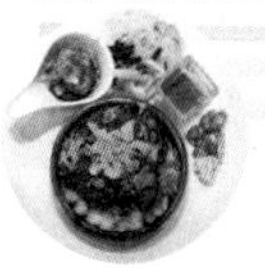

標新立異的 Rusty Door，果然將時下工業風設計發揮得淋漓盡致，水泥粉光牆面映入眼底，倉庫形象立刻鮮活起來，藏身屋內的吧台巧妙仿造屋中屋的空間創意，吧台前的輪胎高腳椅造型獨具創意，鋼管滾輪上有漫威英雄小公仔出沒，令人有置身美式小酒館的錯覺。

不規則排列的格子牆，打造出隱約透視空間的深度，咖啡館二樓刻意保持牆面粗糙的設計，顯現咖啡館的粗獷本色，一旁輔以窗框和相框，大片留白讓人浮現想像的樂趣，就像樓梯牆上那台老舊收音機，從未追求懷舊的音調，僅是單純的生活風景。

美式咖啡、拿鐵咖啡或澳洲風味的白咖啡，慢悠悠地和自己相約獨處，試試店長特別推薦的阿法奇朵，在冰淇淋淋上濃縮咖啡，類似漂浮咖啡口味又濃又香，呼應了牆上小黑板寫的雋語：「再忙也要給自己一段悠閒的咖啡時光。」

帕里尼是 Rusty Door 最熱賣的人氣招牌，不同於坊間的土司基底，而是採用義式麵包熱壓烘成，讓外皮吃起來酥脆又有彈性，義式番茄、蜂蜜芥末雞、塔可雞肉、洋蔥酸豆雞、夏威夷蝦球、波隆那牛肉，讓街頭三明治清爽又精緻。除了現做輕食，東洋風的牛肉蒜香餅乾飯、明太子炒飯、秋刀魚紫蘇燒顛覆許多食材烹煮的刻板印象，尤其嚴選秋刀魚、霜降豬、prime 頂級牛肉等食材入菜，低調小店高調做事，果真名符其實！

生秀的門 Rusty Door
臨近捷運：南岡山站
地址：高雄市岡山區中山北路 35 號
電話：（07）624-0778
時間：11:00～21:00

阿硬咖啡店

書寫旅行意義的文字咖啡

阿硬的流浪文字。

阿硬咖啡店

臨近捷運：橋頭糖廠站
地址：高雄市橋頭區興糖路 5 巷 1 號
電話：0975-044-011
時間：10:00 ～ 17:00
FB：阿硬咖啡店

5 4 1
2
6 3

1.阿硬咖啡店位於漢景空間美術館裡。2.手沖咖啡價目表。3.阿硬的手繪明信片。4.可以在旅物殿寫真館穿旗袍拍照。5.咖啡吧上貼滿流浪旅人的合影。6.阿硬是咖啡師，也是攝影師。

手沖熱咖啡。

阿硬咖啡店位於橋頭糖廠的漢景空間美術館裡，一進門左側的角落，附近的旅物殿寫真館一張張女子身穿旗袍的海報總吸引遊人目光。吧台裡的咖啡師總是一個人靜靜地，專注在自己手沖咖啡的生活韻味之間。

吧台前貼滿了一張張阿硬與咖啡的合影，都是她流浪的生活故事。原來阿硬也是一位攝影師，當年就讀銘傳商品設計時，因接觸攝影而發覺自己鍾情於此，從事攝影工作之後，她又毅然前往日本寫真專門學校進修，尤其擅於人物的生活紀實，在她的鏡頭底下，總能捕捉被攝者無論是感傷或快樂，最真實的心情寫照。

自從離開攝影工作，阿硬的人生有了很大的轉變，她開始一個人旅行，從台東蘭嶼、淡水、觀音鄉、鶯歌到台南、墾丁以及高雄橋頭，阿硬的旅行車跟著她在都蘭東河橋邊賣咖啡，她的咖啡吧台也陪著她一起在台南擺市集，而現在在高雄橋頭糖廠有了定點的咖啡店，不但可以賣咖啡，還能繼續她的攝影工作。

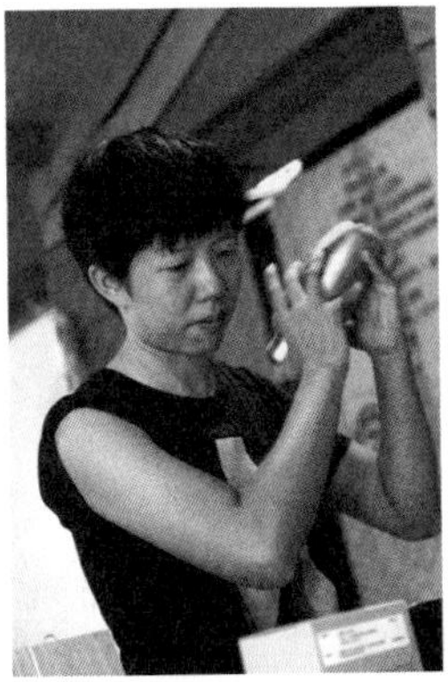

阿硬說，咖啡和攝影都是自己生活的重心，對她而言，咖啡是可以與人溝通、情感交流，攝影則是能讓她保持莫忘初衷的工作態度。每一杯阿硬咖啡杯上，都有她親手寫下的流浪文字：太平洋的愛是溫暖的、堅強起來才不會丟失溫柔、每天都是一種練習，都是她在蘭嶼寫下的一個人的旅行；好好生活、流浪出走、青春無畏……她也在旅行的人身上有了文字的靈感。「我的咖啡杯上每一個文字都是我旅行的意義，療癒了當時的我，也希望分享給每一個你。」喝著阿硬剛剛手沖的檸檬冰咖啡，彷彿為炎熱的南台灣帶來一股沁涼，心，也跟著快活了起來。

喝咖啡愛談星
天文咖啡館

3 1
4 2

1. 除了望遠鏡的收藏，店內販售的雜貨多是店主在國外旅行時，挑選的天文小飾品。**2.** 咖啡館也有小酒吧的吧台。**3.** 這裡提供豐富的天文繪本讀物。**4.** 落地窗映入許多小星星。

落地窗前的望遠鏡，實在是太醒目了，對應這間「天文」咖啡館的名字，不難聯想箇中由來。在咖啡吧一邊煮咖啡的Mandy笑說：「在網路上搜尋我爸的名字就會有一堆資料。」她的父親蔡元生，是台灣第一位發現第一顆SOHO彗星的天文攝影家，在當時創下台灣第一的紀錄，其後他在二○○九年、二○一一年、二○一四年發現的星體都通過國際天文總會小行星中心認證，相繼以高雄小行星、周杰倫小行星及林書豪小行星命名。蔡元生是業餘天文愛好者，他從小就喜歡觀星，不畏各種嚴酷的環境條件，在天文同好眼中是一個不折不扣的追「星」族，天文台就是他的家。

天文咖啡館甫成立近一年，當初是為了推廣天文教育而開設，店裡提供豐富的天文繪本等讀物，販售的雜貨飾品也都與天文相關，並不定期舉辦星座故事時間以及觀測活動，咖啡館二樓則規劃為展場。

牆上黑板手寫著瓜地馬拉科班產區樹上的猴子莊園、薩爾瓦多綠色山丘莊園等豆種，依當季風味供應不同種類的單品咖啡豆，且依單品豆性而採取手沖或虹吸式煮法，由此可見Mandy對咖啡已研究出一番心得。在料理方面，這裡像是家庭小餐館，Mandy負責咖啡，媽媽擅於製作手工蛋糕、甜點，阿姨的拿手絕活則是一道道義大利麵、燉飯和披薩，homemade精髓呈現在所有食物裡，無論食材或自製醬汁都講究天然健康，餐點裡還有手工薄餅小行星馬鈴薯披薩，令人驚喜料理和小行星也有所連結呢！

天文儀耳飾的設計很耀眼。

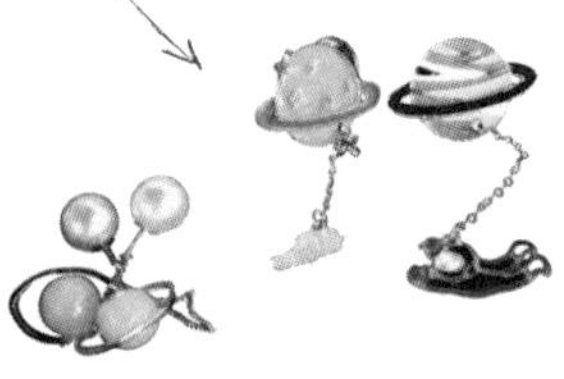

天文咖啡館

臨近捷運：都會公園站
地址：高雄市楠梓區土庫一路 183 號
電話：（07）353-2662
時間：11:00 ～ 22:00，週二店休

日本 **Vixen** 超大望遠鏡。

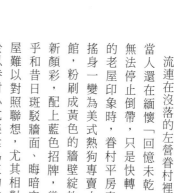

Bark!熱狗叫

在眷村老房子品嚐美式料理

1.Carl酷愛吃熱狗。2.Wendy從小在左營眷村長大。3.眷村老屋變身熱狗專賣店。4.自配狗意。5.早午餐。6.乳酪布朗尼。7.可在老龍眼樹下乘涼。

手工蘋果派滿滿餡料。

流連在沒落的左營眷村裡，當人還在緬懷「回憶未乾，無法停止倒帶，只是快轉」的老屋印象時，眷村平房竟搖身一變為美式熱狗專賣小館，粉刷成黃色的牆壁綻放新顏彩，配上藍色招牌，幾乎和昔日斑駁牆面、晦暗空屋難以對照聯想，尤其相對於以眷村小吃美食為主的左營舊城生活圈，美式熱狗小店著實難得一見。

從小在左營眷村長大的Wendy，和美籍老公Carl兩年前回到台灣老家，把原本閒置的眷村平房改造得活力又熱情。老屋前後棟之間生長著挺拔的龍眼樹，木棧平台形成一處偌大林蔭的戶外中庭，後院更如祕密基地一般，前方不遠處就是高雄市眷村文化館，常常有人踏步健行、騎單車行經而過，假日也有許多人前來溜狗或者是野餐，頗有國外悠閒自在的生活情調。

Carl設計餐點口味，並負責英文菜單；Wendy中譯的熱狗說明令人會心一笑，例如「自配狗意」即每種香腸可選擇法國麵包或黑麥麵包。這裡的純手工灌製的希臘香腸、義大利香腸令老外讚不絕口，最特別的是獨家頂級手工香腸，內餡有鵝肝、松露、Prime Rib牛肉，甚至有老外專程來品嚐老闆自製的肉醬，一上桌就讓人想要大快朵頤。「特製狗」有猴子狗、妞妞狗等十多種組合，其中又以棒球場狗最能代表超級道地的美國運動文化，週末才供應的早午餐有全壘打、二壘、一壘安打等各種活力美食，另外手工甜點包括蘋果派、乳酪布朗尼，其中義大利脆餅沾著咖啡享用最對味，手工的好味道真會讓人一試成主顧。

熱狗配啤酒剛剛好。

Bark! 熱狗叫

臨近捷運：左營站
地址：高雄市左營區城峰路 313 號（高雄美國學校旁）
電話：（07）581-2221
時間：11:00 ～ 20:00，週五、六～ 22:00，週二店休

▲ 眷村老屋的紅色大門令人印象深刻，即便到春天依然花開富貴。

特別企劃 1 KAOHSIUNG

左營眷村的來時路上

老房子的保留總趕不上都市更新的腳步，眷村老屋尤為甚者，一波波眷村拆遷，徒留古巷回首望憑欄，眷村人家只能在滿目的回憶裡，靜靜地無聲勝有聲。對照全台各地彩繪村如火如荼展開之際，眷村的彩繪開始得更早，從台北的四四南村、台中的彩虹眷村，一路到了高雄的自助新村，這些藝術工作者為老屋留下最後一絲風華，但在觀光風潮的熱鬧過後，那些空蕩蕩的眷村老屋依然躲不過時代的宿命，就像民歌傳唱的年代，黃鶯鶯唱出了留不住的故事。

高雄市眷村總數多達六十個之多，左營因是海軍大本營，當時左營海軍眷村也是全台單一軍種最大、最集中的眷村，目前政府是將明德、建業、合群三個眷村以文化景觀之名保留下來，其中有「將軍村」之稱的明德新村是台灣最早成立的眷村，獨院獨戶的木造建築也被譽為全台最高級的眷村。而在眷村生活裡，永清國小（舊名海軍弟子小學）、中正堂電影院、海軍運動場、四海一家俱樂部等，這些眷村居民平時消遣娛樂的場所皆已成為珍貴的記憶。

▼ 落寞的眷村街道彷彿時代的浮光掠影。

眷村的記憶光譜就屬小吃最為人津津樂道。逢年過節，眷村媽媽們趕著曬臘肉、滷桂花燒雞，手裡的麵棍擀出了一顆顆饅頭、槓子頭、一籠籠小籠湯包、一碗碗刀削麵，還有剛出爐熱騰騰的燒餅，來自大江南北各省各鄉的料理，可好比「舌尖上的中國」般精彩，對於大多數眷村子弟來說，那是一份屬於鄉愁的味道。回首來時路上的眷村老屋不再有吆喝來吃的叫喚聲，偶爾發現城峰路上的Bark!熱狗叫、舊城巷裡的李星星咚吃咚吃，這裡多了賣熱狗的，賣甜點的，原來隱藏版的眷村美食也有另一個世代的新註解了。

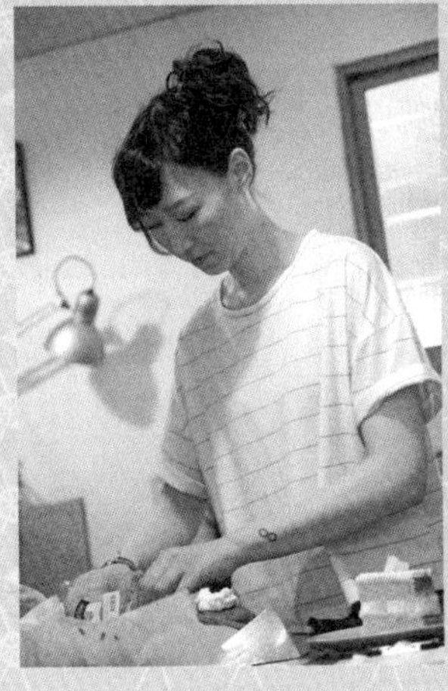

1　2

1. 李星星在眷村社區開了甜點店。2. 眷村中出現熱狗店的蹤影。

▼ 沿著眷村紅磚圍牆，慢慢回憶光陰的故事。

Double Soul coffee&bistro

都市小角落的美味餐酒館

輕熟女最愛
日式調酒。

Double Soul coffee&bistro

臨近捷運：生態園區站
地址：高雄市左營區文育路 1 號
電話：（07）350-2927
時間：11:00～24:00

6 3 4 5 | 1 2

1.Double Soul coffee&bistro是咖啡館，也是餐酒館。2.充滿鄉村田園風的陽光小午餐。3.香蕉巧克力薄餅。4.菊島小管XO醬燉飯。5.早午餐飯糰配上韓式年糕，創意十足的吃法。6.小卡店長已有十多年調酒師資歷，擅長日式調酒。

白天是咖啡館，晚上是餐酒館，Double Soul顧名思義就是結合兩種飲食文化的靈魂。座落住宅區寧靜的生活氛圍，相對於五光十色的捷運商圈，這裡反而顯得鬧中取靜，無論在白天咖啡館的三角窗邊灑入光影、悠閒自得，又或者夜幕時分，黑色窗櫺間掩映小酒吧的微醺情調，整體氛圍如同歐洲街頭的小店。

吧台裡，長相秀氣的小卡，讓人看不出她已有十多年的調酒經歷。她嫻熟日式調酒，轉身攀爬酒櫃木梯，舉手投足展現沉穩大器的職業調酒師風采。小卡說：「調酒是一種生活品味，小酌則是一份日常生活感。」所以店內不只不定期舉辦客座調酒師的交流、品酒會等活動，同時還有以酒入菜的餐酒搭配，無論是黑啤酒燉牛肉、萊姆酒炒義大利蛤蠣麵等，道道都值得品味鑑賞。

如同調酒滋味的萬千風情，同樣也體現在美食的追求上。限定手作燉水果甜點、新鮮現做的烤脆皮起司薄餅；創意口味、輕盈滋味是時下輕熟女最愛的主廚手藝，香蕉巧克力薄餅配上棉花糖，襯托出酸甜果香的舒服口感；料理海鮮的祕密武器就是以酒帶出海鮮香氣，超人氣招牌的菊島小管XO醬燉飯，鋪排紮實的整尾小管，米飯吸附海鮮原汁讓人胃口大開。又或是悠閒度過鄉村田園風的陽光小午餐，飯糰和韓式年糕讓人吃得飽足，最後再來一杯自家烘焙耶加雪夫的義式咖啡拿鐵，停駐在此和時光慢慢約會！

Conway's英國小館

傳統英國料理有家的味道

英國抱枕生活家飾。

3 4 | 1
5 | 2

1. 英國傳統早午餐有燉豆子及自製英式香腸。2. 舒服的居家風格。3. 窗台邊的小花充滿英國鄉村生活情調。4. 小黑板是 **SPECIALS** 餐點。5. 掛著英國國旗的英國小館。

門口的英國國旗在寧靜小路上，彷彿另類地標，窗台、盆栽自然布置在家門前，就像電影裡走著走著便遇上了的英倫小店。英國佬David和台灣太太Elisa從英國到台灣的生活，依然維持傳統英國料理的飲食文化，英國人吃得簡單清淡，偏好食物原味，蔬菜多採水煮、燉煮，所以由David負責掌廚的料理也盡現此一特色。

談起英國的食物，勾起David許多家鄉的兒時回憶，例如最常見的炸魚薯條早期在英國都是週五才會吃到的，因為以前勞工領的是週薪，炸魚薯條就是在領薪後犒賞自己的好料，因此David對自己小時候嚐過用報紙包的炸魚薯條還記憶猶新呢！而英國人經常邊走邊吃的英式肉捲，屬於當地的日常小吃，至於約克夏布丁、烤馬鈴薯、週日烘烤餐則是每位英國媽媽的家常拿手菜。

Conway's 英國小館幾乎是英國小家庭的真實寫照，因為 David 和 Elisa 自己吃、住都在這裡，所以空間設計、食材料理全是 DIY。英國傳統早午餐鋪著燉豆子及自製英式香腸，薄脆的腸衣愈嚼愈香，英國農夫午餐有起司、火腿、麵包簡單卻豐富的組合，慢慢啜飲英式紅茶，英倫情調隨著舌尖味蕾挑起無限想像。店內農舍派、雞肉蘑菇馬鈴薯派、紅酒燉牛肉、香腸佐洋芋泥、英國傳統烘烤牛肉特餐，都是喜愛英式料理的老饕不可錯過的好味道。

Conway's 英國小館

臨近捷運：巨蛋站
地址：高雄市左營區新光里新庄仔路 65-10 號
電話：（07）343-0800
時間：11:00 ～ 15:00、18:00 ～ 21:00

音樂盒法式鄉村餐廳

從產地到餐桌的美味用心

音樂盒法式鄉村餐廳

臨近捷運：巨蛋站
地址：高雄市鼓山區明倫路 112 號
電話：（07）552-5758
時間：11:30 ～ 14:30、18:00 ～ 21:30

許多因「綠色友善餐廳」理念慕名而來的旅人，一進入音樂盒法式鄉村餐廳，目光隨即會被吧台上擺滿的南瓜吸引，各種南瓜用途不同，聽著主廚潘建宏細心說明，讓人好似能想像幸福的味道。潘建宏曾任職於台北星級飯店與知名牛排餐廳，法餐、西餐資歷逾十年，他出身南投埔里，氣質受到農家生活背景的薰陶，不只自身喜歡親近土地，潘建宏表示，了解土地也是身為主廚的必修學分。

採訪時，時值青梅時節，主廚開胃菜特別搭配高雄甲仙青梅，加上新鮮魚卵清爽彈牙，讓人享受初春滋味的輕盈明媚，主廚沙拉同樣以話梅製成醬汁，炭烤透抽佐以高雄路竹番茄，新鮮小卷細細咀嚼出炭烤香氣，鹽地番茄紮實的口感讓人吃出土番茄的創意特色。店內菜單也將不同產季的農作物加以變化料理，好比大樹鳳梨、旗山香蕉也名列主廚沙拉的菜單上，真真切切讓人體會台灣四季農物之美。

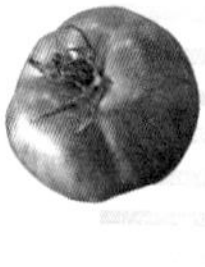

5 | 1
3 2
6 | 4

1. 空間呈現質樸的鄉村風情。**2.** 主廚潘建宏與陳卉榆都是法式料理的箇中好手。**3.** 店內會依季節變化食材。**4.** 多與小農採買蔬果，實踐從產地到餐桌減碳的飲食態度。**5.** 低調的法式鄉村餐廳。**6.** 不同的南瓜可變換多種料理方式。

主廚潘建宏嚴選食材的態度在在體現他的認真和勤勞，他總是親訪小農友，開車四處尋找自己認可的安心食材；高雄彌陀無毒生態蝦、嘉義自然豬戰斧豬排、花蓮櫻桃鴨等，集合農、漁、牧，從產地到餐桌的減碳概念，每一項都是他樂意分享的精彩故事。加上原本法餐的精湛廚藝，店內招牌的安格斯黑牛、紐約客牛排餐，美味自不在話下，還有現烤加拿大活龍蝦、48OZ戰斧肋眼牛排等，全屬於老饕級鑑賞的經典品味，就連烤布蕾、檸檬塔等法式傳統甜點也令人念念不忘、再三回味！

李星星咚吃咚吃

眷村巷弄的甜點專賣店

藍莓口味酸酸甜甜。

4 5 | 1 2 6 3

1. 除了咖啡、紅茶，也有精釀啤酒可供選擇。**2**. 李星星的蛋糕看起來十分樸素。**3**. 眷村巷弄的甜點屋。**4**. 甜點控的祕密基地。**5**. 磅蛋糕的甜點，隨當天的食材及主廚心情製作。**6**. 李星星的忙碌身影。

李星星咚吃咚吃

臨近捷運：巨蛋站，轉乘 301 號公車於蓮池潭下車，或於左營站轉乘舊城文化公車於舊城北門下車

時間：週五、六、日 14:00～21:00

FB：李星星咚吃咚吃

走進左營舊城巷，老眷村的模樣立現眼前，陽光將老舊紅磚圍牆照得發亮，眷村紅色大門上的門牌號碼，褪色的痕跡彷彿社區蕭條的寫照。在巷口來回穿梭、左瞧右看，引來眷村老伯伯熱心詢問：「要找賣蛋糕的嗎？往裡頭走啊！」眷村逶迤的巷道，有時依照門牌號碼也不見得找得到，幾乎走到巷底盡頭，一扇紅色大門前擺著一片藍色木頭舊窗框，窗玻璃上寫著CAKE、COFFEE、BEER，這才確定自己找對地方。

眷村中仍保留三合院建築格局的老屋算是相當罕見，店主人李星星說，原本就是想要一處位置隱密的甜點工作室，但當初也一度遲疑在眷村開店會否影響營業額，她笑說「這裡真的很難找得到」。平時李星星在此進行個人甜點工作日程，僅有週五、六、日對外營業，每天供應約六種口味蛋糕或塔派，店裡沒有固定點單，甜點口味皆隨當天食材及店主的心情製作烘焙；抹茶岩石磅蛋糕、鳳梨草莓溫蛋糕、蘋果起司香料蛋糕、伯爵茶藍莓蛋糕……它們可口不花俏，甚至看起來幾近「素顏」狀態。這也因為李星星性格簡單、不喜麻煩，蛋糕體不特意費心裝飾，亦不會誇大花式層次，品嚐她的蛋糕等於了解她的個性。

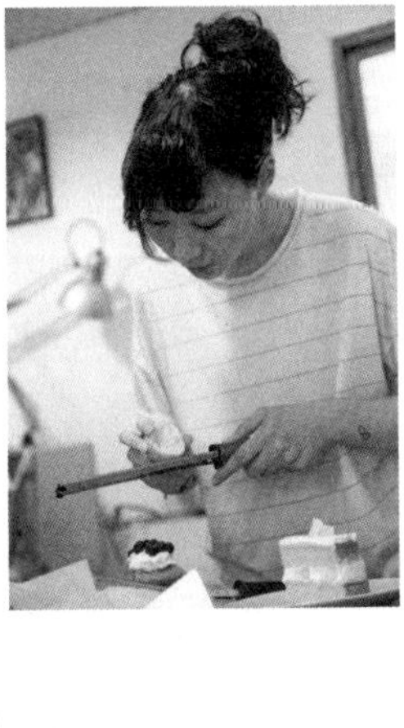

畢業後一直在咖啡館工作，李星星開始嘗試自製蛋糕，之後在小市集擺攤賣自製的磅蛋糕、烤布蕾、布朗尼，她說自己個性內向，不喜歡接觸人群，最初完全沒有實體店舖的計畫，後來因為想讓客人直接享用甜點，所以才萌生轉型開自己夢想的小店，口碑慢慢累積，這間小店已被許多甜點控默默收入在隱藏版名單。

4 5 | 1 2
6 | 3

1. 可口的早午餐。2. 可愛的小熊拉花，品嚐起來心情更美麗。3. 雲朵可可灑上棉花糖。4. 安窩咖啡自行設計的 LOGO。5. 店長 Paul 曾是花式調酒冠軍。6. 安窩咖啡大隱於市。

手工甜點令人垂涎三尺。

Onward Cafe 安窩咖啡

巷弄民宅裡的美式工業風

深居巷弄的安窩咖啡，躋身住宅區裡多了一份親和力，不過工業風的室內設計又展現了不凡品味。熱愛旅行的咖啡館主人小祺遊歷多國，也曾憑著牡羊座女孩的冒險力與一股傻勁，攀登百岳，挑戰玉山、嘉明湖等地，而在以黑色為主調的室內裝潢，總能不經意發現私人收藏的小玩意及藝品，例如來自捷克的小木偶、桌台上的放映機、老相機、打字機、收音機，牆上的復古電話機、難得一見的摩斯密碼機，還有樓梯轉角的黑色重機，完全呼應美式工業風的個性情調。

「這是什麼咖啡！」客人對「特調」咖啡總感到這樣出乎意料的驚嘆。安窩店長 Paul 笑說，淺焙咖啡裡喝到汽水口感，這出奇的創意是安窩的人氣招牌。賣相誘人的閨蜜咖啡則取了肉桂和蜂蜜的諧音，讓咖啡味道添上一份溫暖滋味。安窩咖啡使用的是淺焙豆，富有濃濃果香與甘甜，如奶昔般的口感，讓人回味無窮。

曾是花式調酒冠軍的 Paul 打點的餐酒料理，從木盆沙拉、手工甜點、早午餐、義大利麵飯，都擁有花式調酒般鮮明的視覺美感，曼哈頓蛋捲展現紐約都會的精緻時尚，最特別的是中西合併的隱藏版排骨義大利麵，傳承自媽媽私房手藝顛覆台式口味的排骨，以蠔油為基底取代滷煮的鹽漬，吃得到古早味，又能吃出清香不膩的全新滋味，甚至還不定期推出原住民風味餐混搭義大利麵的創意料理，從分子調酒激盪而出的分子咖啡，新鮮感十足。

Onward Café 安窩咖啡

臨近捷運：凹子底站
地址：高雄市左營區富民路 13 巷 17 號
電話：（07）550-8138
時間：10:00 ～ 22:00

日光貓

可愛貓咪陪你共進美食

嘿！別玩了！

3 1 5 4 6 2

1. 日光貓是社區裡的小店。2. 毛孩子們到此一遊的大頭貼。3. 店長將此處裝點成溫馨的鄉村風格。4. 香醇的拿鐵咖啡。5. 現烤出爐的厚厚鬆餅口感鬆軟。6. 主廚擅長推薦的義大利麵料理。

餐桌上的貓咪瞪著大大的眼睛，像是撒嬌似地和客人玩耍，另一桌的客人則抱著貓咪逗弄，還有貓咪內向地窩在桌腳邊，慵懶的模樣真令人羨慕，日光貓的主人擁有八隻貓組成的大家庭，是名符其實的「貓奴」代表，愛貓的女孩說，店裡從最初的兩隻貓到現在八隻貓，是因為牠們多數是被棄養的流浪貓，一天天養到有感情了，最後都變成自家的毛小孩。

手寫小黑板立在門口，松木裝潢加上木頭小椅子、貓咪飾品的小櫃子，低調小店散發溫馨又舒服的鄉村風情。點一杯焦糖拿鐵，咖啡裡漂浮著貓掌棉花糖，配上現烤出爐的厚厚鬆餅，這一天的下午茶組合搭配得很可愛淘氣。厚厚鬆餅是老主顧吃不膩的人氣招牌，尤其搭配楓糖這個超美味的祕密武器；還有限定的早午餐，有經典德式香腸、卡拉雞腿、燻鮭魚等菜色，全是愛貓女孩們深藏不露的好手藝。日光貓主廚擅長的料理為義大利麵及各式火鍋，如牛奶鍋、泡菜鍋、柴魚鍋、昆布鍋等不同口味。

除了料理好手藝，其實店內也是貓奴手作文創平台，像是貓咪系列的貓掌耳環、耳針、耳夾、項鍊手工藝品的訂製款，凡推出便被秒殺下訂，而在小餐館忙碌之餘，她們也樂於分享一身絕學，不定期開設貓掌棉花糖等手作課程。另外老闆也是超級日本通，店內也有來自日本的犬貓項圈、Gelatoni貓畫家、伸縮逗貓棒……貓奴們來這裡挖寶就對了！

來沙發茶室，一起
度過下午茶時光。

▍日光貓

臨近捷運：凹子底站
地址：高雄市左營區光興街 49 號
電話：（07）556-8727
時間：12:00～21:00，週六、日 11:00～21:00

初日珈琲

日本懷石和食早午餐

4 5 6 | 1 2 3

1. 日式早午餐以懷石和食組合為本店特色。2. 漁港時令一夜干來自魚市場新鮮漁獲。3. 吧台造型融合屋中屋設計。4. 仿清水模搭配木作創造簡單自然的氛圍。5. 生活食器小舖。6. 店內角落散發日本鄉村風。

初日珈琲

臨近捷運：凹子底站

地址：高雄市鼓山區明誠三路 479 號

電話：0903-579-136

時間：09:00 ～18:00

在車水馬龍的街道上，初日珈琲的低調性格將店面隱藏於市，仿清水模的水泥設計，簡約空間充塞著療癒感，木頭拼接的外牆上懸吊休閒風的單車，並擺上長板凳，讓人坐在戶外也能安靜放空，體會微涼清風襲來的悠然自得，恣意書寫浮生閒日的生活散文。

一如色彩帶來的視覺印象，溫暖是初日珈琲散發的自然氣質，「這裡給人一種日本鄉村風格的設計感」，店長 Jimmy 溫文儒雅地說著。因為偏愛簡單生活，素顏般的水泥牆面，搭配舊木製成的木櫃、木拼牆以及屋中屋的木吧台，甚至選用刻意不拋光的木頭，更能顯現和風的自然禪意，牆邊還有一處食器雜貨小舖，用餐之餘還能欣賞選購。

不同於坊間早午餐形式，初日珈琲是以日式早午餐為特色，既能提供日本飲食體驗，但又跳脫定食的傳統作法，例如一夜干或沖繩生啤酒，現點現做的全日早午餐以年輕形象的懷石和食組合。漁港時令的一夜干是師傅每天凌晨親訪前鎮、蚵仔寮魚市場採買的新鮮漁獲，更因日本烘焙舉世聞名，初日珈琲也講究自家烘焙土司，舉凡明太子歐姆大阪燒、海老天婦羅軟法等洋食、米漢堡飯糰朝食、東京燒烏龍麵，或北海道花魚一夜干等和食，從餐具到擺盤全都展現精緻的日本料理文化。來到下午的手作甘味時間，焙茶金時豆奶凍、抹茶金時安倍川年糕，配上黑糖咖啡，日本甜食著實令人少女心迸發啊！

手作甘味。

沙丘南特早午餐

溫室玻璃屋的世外桃源

迷你跑步鞋的多肉植物盆。

距離愛河之心不遠處，面向愛河對岸坐擁一片河岸綠地，周邊有三民親子公園、光之塔、高雄市新客家文化園區等景點，這間店座落的巷道極其隱密，偶爾行經而過的遊人，多半是愛河逐風自行車車友的身影，其實這裡行至巷口僅百尺距離，但臨街乍現的是車水馬龍的交通幹道，鬧中取靜的形容在此格外貼切；尤其在都市巷道發現猶如鄉間小路、山間林徑時，心中不禁產生驚喜的小確幸。

「沙丘南特」是日文音譯的多肉植物之意，隱身在巷道的住宅區、以玻璃屋打造的溫室咖啡館，最初是以「綠建築」為構想，裡外宛如一座世外桃源，庭前落羽松在秋天轉紅時，別有一番北國深秋風情；室內也滿布綠色植栽，趁著陽光明媚，將小小植栽移到戶外曬曬日光浴，可愛的多肉植物組盆造型甚是討喜。館主家裡的鍋碗瓢盆全派上用場來盛裝綠意，店內也販售花草雜貨，品嚐早午餐同時也能逛逛小市集。

經典多肉澎湃早午餐、奶油野菇南特蛋、魔術方塊法式土司、沙丘潛艇堡，豐富的擺盤與朝氣勃勃的植物相呼應。這裡全日供應早午餐，採用經認證的安心食材，例如麗園牧場雞蛋等，並走訪微風市集採買季節蔬果，料理採取少油、少鹽、少脂肪的烹調方式。悠然於如此情境，步調正適合一杯咖啡的時光，或以法國瑪黑茶實踐慢食態度，店內還精選四方鮮乳、高大鮮乳，連孩子都直呼好好喝。

4
5 6
7 | 1 2 3

1. 魔術方塊法式土司。2. 可愛的小熊拉花，令人捨不得一飲而盡。3. 沙丘特調抹茶歐蕾。4. 玻璃屋溫室咖啡館。5. 跟著多肉植物曬曬日光浴。6. 販售花草雜貨。7. 跑步鞋裡的多肉植物盆景造型真是卡哇伊。

沙丘南特座落
愛河河畔。

沙丘南特早午餐

臨近捷運：凹子底站
地址：高雄市鼓山區博愛一路 433 巷 20 號
電話：（07）550-0569
時間：08:00 ～ 17:00

▲ 沙丘南特溫室玻璃屋。

綠色友善餐廳。

道地的英式早餐。

特別企劃 2 KAOHSIUNG

異國小店若比鄰

高雄發展重心從南高雄轉往北高雄，不只有新光三越、漢神巨蛋等大型百貨公司進駐，還有商旅飯店紛紛搶進黃金地段，捷運站周邊更成為美食餐廳兵家必爭之地：歐洲街頭風格的咖啡館、鄉村風的法國家常菜、消磨夜生活的英式小酒館、輕工業風的日式早午餐，從活力的早晨到微醺的深夜，這裡的異國美食果真是萬千風情。

愛河流域是許多景觀餐廳的熱門據點，愛河所流經的河堤社區是高雄素負盛名的文化藝術生活圈，河堤公園旁的小餐館形成一條商店街，異國美食林立宛如一座地球村，用美食打造文化品味，也是一種美學。自嘲是貓奴的日光貓店主人渾身散發鄰家女孩的可愛氣質；音譯自日文多肉植物的沙丘南特早午餐，綠建築玻璃屋結合花藝文創設計，無論是愛動物、愛植物，都是一種熱愛生活的方式。

相較社區型的異國小店，以高雄市立美術館為中心所帶動的美食風氣，又是另一番異國特色，英國佬David夫妻所經營的Conway's英國小館，就是將英國小家庭吃的、喝的搬上檯面，音樂盒法式鄉村餐廳則是追求從產地直送到餐桌的減碳料理態度。

最有異國小店空間氛圍的非烘焙坊莫屬了，Lepain巴黎波波專賣歐式麵包，將老屋活化變身地窖的空間設計，如實呈現歐洲生活情趣，在日本鄉村風的初日珈琲裡也賣起了自家烘焙土司。在美食上崇洋媚日的饕客大可昭告天下呢！

▲ Conway's英國小館步調悠閒。

在音樂盒法式鄉村餐廳溫馨聚餐。

1
2 4
3 5 6

1. 美味的可麗露。2. 清爽的和風沙拉。3. 肉片豐富的早午餐。4. 深受大人小孩喜愛的歐姆蛋。5. 手作甘味。6. 小巧的可頌勾起人的食欲。

Zeko Cafe 日口珈琲

專屬港都夜雨的手沖咖啡

▎Zeko Cafe 日口珈琲

臨近捷運：後驛站
地址：高雄市三民區十全二路 188 號
電話：（07）315-8009
時間：10:00 ～ 21:00，
週六、日、一 10:00 ～ 22:00

台北北投的「豆咖啡」在手沖咖啡界赫赫有名，三坪大的迷你空間成為內行咖啡老饕出沒的私房小店，音樂人袁惟仁、黃小琥也是豆咖啡的老客人。豆咖啡創辦人小寶從最初三款咖啡豆一路穩紮穩打，如今可供應四十多款咖啡豆，而在早期商業豆當道的年代，小寶對精品莊園咖啡豆的認識完全是自學而來，並始終堅持手沖咖啡專門店的理念，而這股手沖咖啡的風氣也從北台灣飄向南台灣。

專屬於Zeko Cafe日口珈琲的「港都夜雨」，勾引小寶娓娓談起往事。原來小寶和高雄有著動盪時代留下的地緣關係；小寶祖父母來台度蜜月，卻因戰爭爆發，自此回不了故鄉，這支特別烘焙的「港都夜雨」透著甘甜又苦澀的味道，如同〈港都夜雨〉一曲的悠悠情懷，在餘韻間喝出心中滋味。

在大面的落地窗間，掩映著街景的城市風情，白色的文化石牆和黑色工業風吊燈構成悠閒又優雅的都會品味，咖啡師在吧台裡緩緩地手沖咖啡，讓人沉浸在悠然自得的咖啡香裡。目光聚焦在中島長桌上，陳列著手寫板、書刊，也是交流有機食材的小平台，如同小寶對咖啡的態度全都灌注在生活裡，早午餐精選用料，不時能夠品嚐小農的人情味，自家烘焙的手工咖啡餅乾、聖誕節的焦糖薑餅人、mini蔓越莓司康、法式馬卡龍，配上一杯單品咖啡，一點點甜、一點點閒，喝咖啡就是一種浪漫情懷！

1
4 5 2
6 3

1. 隱身街頭安靜的小店。**2**. **Zeko**掛耳包。**3**. 專為**Zeko Cafe**烘焙的「港都夜雨」，味道甘甜又苦澀。**4**. 悠閒的都會氣氛。**5**. 咖啡館成為當地街景。**6**. 這裡是手沖咖啡專門店。

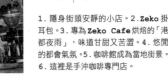

Vanilla Beans 香草莢手作甜點咖啡

臨近捷運：後驛站
地址：高雄市三民區民族巷 22-3 號
電話：（07）380-6921
時間：13:00～19:00

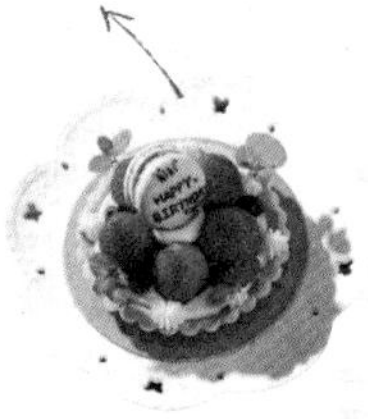

繽紛的水果塔。

Vanilla Beans 香草莢手作甜點咖啡

法式甜點教學不藏私

雖不位於鬧區市街，地址偶爾會被誤植的 Vanilla Beans 香草莢手作甜點咖啡，一開店，馬上吸引喜愛甜點的朋友光顧，可麗露等超人氣招牌甜點出爐時，更常常秒殺。焦糖烤布蕾、草莓芙蓮、藍莓乳酪派、檸檬塔、香橙磅蛋糕，各種水果甜點繽紛出色，即使隔著蛋糕櫃，可口的模樣都令人蠢蠢欲動、垂涎不已。

其實相較於店內的法式甜點，這裡的甜點教學更是青出於藍，創辦人高其瀚對「老師」身分樂在其中。不同於法式甜點予人的浪漫想像，事實上，高其瀚擁有電機工程的理工背景，由於喜愛品嚐甜點，但又不喜歡太甜的口味，且注重食材品質，他在教職退休後，常常興致一來便自製甜點和朋友分享，他笑稱，電機工程最精熟電腦模擬、善於實驗論證，所以邏輯強的特質和態度也反應於製作甜點的天賦上，他不只反覆試驗食材、原料比例、烤箱溫度，甚至將天候濕氣等，一一對照文獻，真做到「有所本」的學以致用。

店內連法國人都稱讚的可麗露，一口咬下迸發出奶香、蛋香和酒香，蜂巢結構吃得到外脆內軟的細膩口感，純天然低糖馬卡龍完全不上任何色素，香橙磅蛋糕是來自自製新鮮糖漬橙皮，芋泥奶凍捲選用新鮮芋頭蒸熟再搗成泥，每款甜點的成份都可以開誠布公，難怪深獲老朋友的信任和喜愛。

馬卡龍有「少女酥胸」的美名。

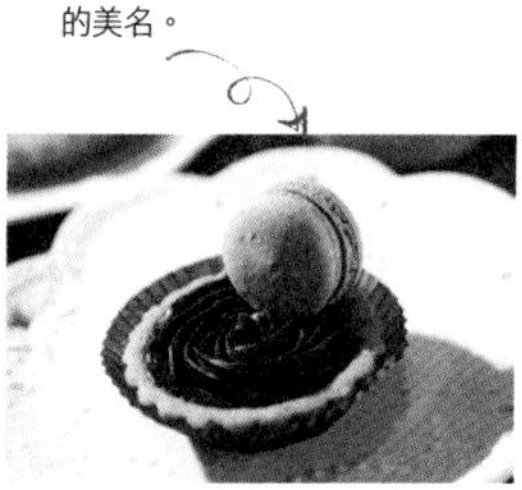

4 5 6 | 1 2 3

1. 這裡的藍莓乳酪派、彩虹千層蛋糕超受歡迎。2. 低糖馬卡龍。3. 脆鬆鬆的可麗露經常一出爐就秒殺。4. 迷你甜點屋。5. 甜點師高其瀚製作甜點的態度嚴謹。6. 店內可以品嚐甜點，也有烘焙課程。

Lepain 巴黎波波

超熱門的丹麥可頌歐式麵包

杏仁千層酥
咔滋咔滋。

Lepain 巴黎波波

臨近捷運：後驛站
地址：高雄市三民區綏遠一街 167 巷 42 號
電話：（07）322-7889
時間：10:30 ～ 21:30

4 5 6 | 1 2 3

1. 巴黎波波壁櫃展示許多可愛小玩偶。**2.** 在隱藏的小閣樓享用早午餐。**3.** 捷運後驛站 **2** 號出口旁的隱形烘焙坊。**4.** 外酥內軟的可麗露。**5.** 波波蝴蝶酥。**6.** 超人氣的丹麥可頌秒殺威力驚人。

位置就在捷運後驛站2號出口旁，卻因巧妙的地形掩蔽，讓Lepain巴黎波波宛如一座隱形的城堡。不張揚的歐洲麵包小店的外觀，呈現歐洲街頭的生活情調，從木門進入後，宛如地窖般的空間設計，令人想要一探究竟，而眼前的烘焙坊羅列各種歐式麵包，這幅畫面令人想起童話中的麵包坊，滿室縈繞麵包香氣，更使人沉浸在幸福的想望裡。

這裡有迷你可頌、巧克力可頌、巴黎人可頌，其中歐式麵包最受喜愛的丹麥可頌口味選擇多，每每一出爐便展現秒殺的驚人實力，除了基本款的歐式麵包外，店裡經常推出自行研發的新口味，以及符合節慶的應景麵包，店長特別推薦的波波蝴蝶酥、杏仁千層酥等小口點心，咬下時咔滋、咔滋的美妙口感，連小朋友都愛不釋口。此外，檸檬糖霜、圓形丹麥、可愛的兒童節麵包、歡樂的聖誕樹麵包、新春的財運元寶，造型上的巧思也顛覆歐式麵包的刻板印象。

Lepain巴黎波波的店面空間，也源自活化老屋的設計概念，因此這裡還有隱藏版的小閣樓，可以在那裡享用早午餐，頗為悠然愜意，煦煦陽光穿透窗間，在光影間尋覓一處舒緩的獨處角落，現烤出爐的鹹麵包餐、甜麵包餐或歐式軟土司等，配上一杯香濃拿鐵咖啡，或在冬日慢慢享用一壺熱巧克力盆栽奶茶暖暖身子，生活裡的小確幸就在Lepain巴黎波波上演著。

歐式麵包口味多。

火腿看書

獨立書店暨展覽與手作工坊

水代木山 **cindymode** 收納袋。

在書櫃取閱設計相關的書籍，逕自往二樓開放式閱讀空間走上去，在茶水間自己泡杯咖啡，在此度過了咖啡店裡的「影像詩」時光。這是一間獨立書店，也是一個設計平台，同時是一座藝廊展場，店長莞爾一笑說，「不過『火腿』這名字時常讓人誤以為這裡是跟美食有關的店家。」

其實火腿設計自二○○四年成立於台南，在設計圈屹立許久，近年在高雄茁壯，並深耕駁二，而繼駁二大義倉庫C7的火腿藝廊之後，以實驗思維打造的火腿看書，結合了書店、閱讀自習室以及地下室展覽等複合場域，在高雄文創領域再度開創了全新視野。

走進火腿看書，帶有老屋氣息的磨石子建材隨即映入眼簾，書櫃和層架讓空間顯得暢通而舒適，書店的書架以陳列設計、美學、藝術類書刊為主，這裡吸引許多設計領域的書迷、時尚文創設計品的愛好者前來，也保持火腿藝廊一貫的當代藝術與新銳創意設計人才匯集的風氣，精選獨立設計師的文具、印刷品等文創商品，尤以旅行文具的主題最暢銷，帶著旅行記事本隨時寫下心情記錄，或寄出明信片給未來的自己。

店長認真地推薦好書，更不忘隨時發布「新誌駕到」的書訊，地下展覽室不定時舉辦賞畫特展，還有動動手工作坊、來玩玩「我拼我拼馬賽克」。想安靜看一本書、挖掘設計師商品、體驗手作生活……就來火腿看書吧！

4	1
5	2
	3

1. 一起來交換明信片。**2.** 這裡有多款紙膠帶商品。**3.** 獨立設計師設計的復古杯墊。**4.** 火腿看書是結合書店、閱讀自習室、手作教室以及地下室展覽的實驗複合場域。**5.** 經由老屋改造的店面。

▍火腿看書

臨近捷運：後驛站
地址：高雄市三民區九如二路 681 號
電話：（07）323-1662
時間：12:00 ～ 20:00，週一店休

這裡值得文具控
慢慢逛選。

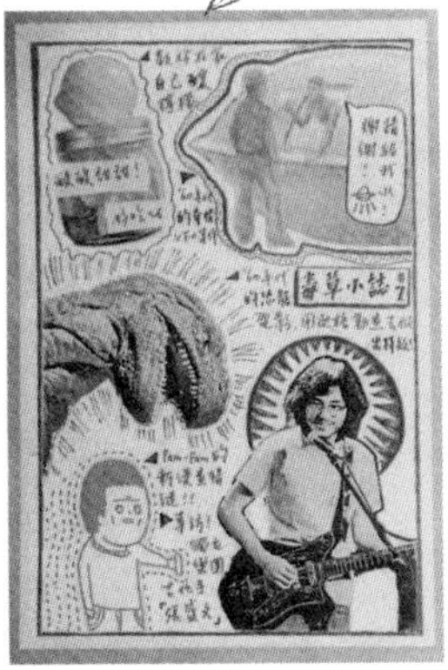

火腿看書是《毒草小誌》等獨立書刊平台。

河邊生活（高雄店）

貼近台灣在地的工藝平台

月桃編織體驗。

河邊生活（高雄店）

臨近捷運：後驛站

地址：高雄市三民區松江街 35 號

電話：（07）322-6858

時間：12:00～19:00，週四店休

4 5 6 | 1 2 3

1. 店門小看板載明近期手作課程。2. 三和瓦窯的起厝小磚組。3. 紙妍 **JRYEN** 翩翩台灣蝴蝶系列的工藝品可以當展示架、衣帽架。4. 古鳴木刻工作室的木雕創作。5. 藝術家手作陶杯。6. 吳仲宗老師的胖太太系列之紅果樹馬克杯。

走進巷弄的一排街屋上，木頭外觀的騎樓柱子裝置著一塊「河邊生活」的迷你招牌，十分低調。河邊生活最初成立於台北，目前在台中、高雄各有據點，河邊生活的總經理陳明輝表示，河邊生活工藝專賣店是一個銷售工藝品的零售通路，且主要致力推廣台灣工藝，跳脫坊間平台的賣場功能，提供都會區的消費者一個與在地工藝、社區、部落產生連結與互動的場域。

若在炎夏造訪南台灣，河邊夏日輕手作正好應景登場，很實用的「小飛怕怕防蚊液DIY」，或想準備母親節禮物，這裡也有開設「最美金工飾品」的課程，還有竹編、陶藝、鉤針編織、羊毛氈、植物染方巾、手工皂、鞄革製作等多元課程，涵蓋藝術、文化、生活以及學習互動等主題，相較坊間小型個人工作室的手作教室蓬勃發展，河邊生活提供的平台則有更豐富的選擇和學習途徑。

魯凱族的彭春林創辦的生活創意工房的手紋背包，排灣族的桃布里文化創作空間的月桃編織，竹乙太工作室的竹刻小時鐘、名刺（片）盒，出身玻璃世家的工藝師鄭銘梵創作軟花瓶系列，陶土藝術工作室的小花器，陶紅舍的側把壺，「伍，拾肆」的大啾花器陶盤，集集蛇窯添興窯的陶杯花器，三和瓦窯的起厝小磚組，小草明信片的離島生活島，元泰竹藝社的元氣竹牙刷……在這裡可以發現許多臥虎藏龍的民間工藝高手！

來這裡挖掘工藝家設計的生活商品。

白色記憶藝術空間

工作室與藝廊的 Art Space

泰迪熊藝術創作。

1. 這裡提供當代藝術家一個發表創作的舞台。2. 林育儀的創作工作室，同時也是小型藝廊。3. 輕土雕塑的寵物訂製。4. 林育儀偏愛城堡與教堂建築的黏土創作；小城堡系列的旋轉音樂鈴廣受大家喜愛。

分別以「英倫風時尚酷男熊」、「坐在沙發椅上的時髦貴夫人」，榮獲二〇一三年、二〇一四年台灣國際泰迪熊 TTBCA 創作比賽複合媒材熊第一名，輕土雕塑藝術家 **Baimenden** 林育儀的泰迪熊藝術創作廣為收藏家喜愛。「沙發上的玫瑰紳士熊」、「岩窟裡的賞花熊」等，集結了林育儀多年來的豐富創作，又或是「旅行中的紳士兔」、「一起跳芭蕾的淑女兔」系列，療癒風格更是深受大人小孩的歡迎，目前林育儀更進一步嘗試以「寵物訂製」作為輕黏土創作重心，以黏土變幻小鳥、狗狗、貓咪的神態栩栩如生。

雖以泰迪熊輕土雕塑闖出名號，林育儀卻透露自己更喜歡創作城堡和教堂等題材，例如應景的「雪花的祝福」聖誕樹旋轉音樂鈴，懷舊的日治時期紅磚洋樓旋轉音樂鈴，或小城堡系列的旋轉音樂鈴，不僅是創作精美的擺飾，更賦予作品創作者本身的情感幻想及浪漫風景，「當我為房子畫上

彩衣時，都能感覺到房子帶給我無限的幸福感」，林育儀甜甜地笑著說。

由林育儀自行創設的白色記憶藝術空間，從個人工作室轉型為小型藝廊，提供藝術家作品、精緻文化禮品、典藏框畫等的展出平台，包括首度與專注於黃連木創作萬花筒、鋼筆等工藝品的三合屋工作室合作，另外小型藝廊空間也陸續策劃各式展覽。林育儀表示，白色記憶藝術空間的經營型態取法歐洲 Art Space 概念，也是她期待已久的藝廊之夢。

白色記憶藝術空間

臨近捷運：後驛站

地址：高雄市三民區遼寧一街 358 號

電話：（07）311-0137

時間：13:00～20:00，週日店休

三合屋工作室的黃連木萬花筒。

Bikecoffee 拜克咖啡

從行動咖啡單車圓夢的勵志人生

2 3 | 1
4

1. 陳岱溶以一台行動咖啡單車開始圓夢。**2.** 刻意敲開的磚牆，可以看見陳岱溶的自烘豆工作室。**3.** 用噴槍火烤後的黑糖炙燒牛奶，焦糖結晶喝起來口感甜香。**4.** 利用老屋車庫改建的店面。

單品莊園咖啡。

鄰近高雄火車站的 Bikecoffee 拜克咖啡，躋身在寧靜的巷道裡，單純的住家環境讓咖啡館小店顯得分外出眾，「這裡居然有一家咖啡館！」幾乎是多數人初訪的有趣反應。雖是老屋咖啡館的氛圍，但其實這裡是利用老屋的車庫改建而成，裸露的紅磚牆和鋼質地板讓空間增添些許工業風的都會設計感。

如同 DIY 改建車庫為咖啡館，當初老闆陳岱溶以一台行動咖啡單車擺攤，同樣憑一己之力改裝單車上路，因此從店名 Bikecoffee 也能推想箇中意義所在。七年級的陳岱溶原本是軟體工程師，為了圓夢，毅然踏上咖啡之路，不同於坊間咖啡館從義式咖啡入手，陳岱溶最初以單品咖啡入門，即使在行動咖啡單車擺攤時，仍提供手沖咖啡，克服了硬體設備的限制，木箱、木板、磨豆機、手沖壺專業機具組裝一應俱全，後來他更一路從台北環島賣咖啡，並在途中造訪各地咖啡館，這趟旅程和許多同好交流，也因而在咖啡圈累積了可貴的人氣。

拜克咖啡黑板上寫著單品莊園、義式系列等，陳岱溶從手沖咖啡進而學習自烘豆；刻意敲開的磚牆後是能透視烘豆室的迷你工作室，中淺焙咖啡豆隨著火候香氣繚繞。在吧台裡，陳岱溶總是不疾不徐手沖一杯又一杯咖啡，淺焙的日曬曼特寧冰鎮時，果香甘味格外清新爽口，他和客人像朋友般互動，聊著心情，有時也分享對咖啡的熱愛和想法，陳岱溶將咖啡端給吧台客人聞香的同時，一邊喃喃說著：「人，才是咖啡館的靈魂啊！」

七年級生的陳岱溶熱衷手沖咖啡，一步一腳印地圓夢。

手沖咖啡同好的交流基地。

Bikecoffee 拜克咖啡

臨近捷運：高雄車站
地址：高雄市三民區林森一路 345 巷 13 號
電話：0912-108-563
時間：12:00 ～ 22:00，週四店休

Camera Coffee 卡麥拉咖啡

攝影同好相聚喝咖啡

1 2 3 4

1. 這裡是許多攝影同好切磋交流的聚會所。**2.3.** 看到愛心拉花讓人覺得很有愛，人氣飲品有經典拿鐵、牧場拿鐵。**4.**《自由時報》底片相機轉數位攝影時的最後**10**卷底片，是**David**特別的收藏。

躋身在高雄著名的相機街間，陣陣咖啡香引人駐足，Camera Coffee卡麥拉咖啡在高雄的攝影同好社群裡，具有十分知名的人氣。咖啡吧台上陳列許多底片古董相機，老闆David笑說：「這些收藏還只是少部分而已」，其實卡麥拉咖啡最初是附屬於David攝影棚工作室裡，純粹為了提供攝影朋友一處聚會場所，所以當時攝影棚內可見的攝影器材更為珍貴，而在攝影界資歷深厚的David親身見證了底片相機、數位相機等時期，櫥窗裡即收藏著《自由時報》底片相機轉數位攝影前，使用的最後十卷底片，可說是代表了劃時代意義。

在卡麥拉咖啡裡，咖啡和相機的專業等級不分軒輊，David職司商業攝影，Alice則是手工甜點咖啡達人，她不但取得歐洲精品咖啡協會SCAE認證，自製點心的工作室更是許多甜點愛好者專程前來的美食勝地，尤其Alice喜歡日本咖啡館的氛圍，連製作甜點的用料都能品嚐到紮紮實實的日本味。

來喝杯咖啡敘敘舊吧！現做的熱壓帕里尼三明治趁著牛奶厚片土司還熱呼呼時最好吃，營養午餐計畫推出限量預訂的日式家常咖哩飯、義大利波隆那肉醬麵等口味，不過任性主廚手製甜點一定要嚐嚐，蘋果起司蛋糕、半熟威士忌布朗尼、日月紅茶烤布蕾、焦糖香草奶酪、柚香抹茶磅蛋糕、凱薩琳小圓頂土司，有時遇上了主廚限定特製甜點時，真的會覺得很幸福、很幸運呢！

店內每一杯咖啡
都是用心調製。

Alice 取得歐
洲精品咖啡協
會 **SCAE** 認證。

Camera Coffee 卡麥拉咖啡

臨近捷運：高雄車站
地址：高雄市三民區長明街 83 號
電話：（07）236-1989
時間：11:00 ～ 21:30，週一店休

百年老屋變身複合空間

春陽綠舍輕食背包

春陽綠舍輕食背包

臨近捷運：高雄車站
地址：高雄市三民區纖光街 11 號
電話：0933-408-371

從居家用品認識老屋的故事。

5 | 1
2 3 4

1. 百年木屋建築大隱於市。2. 這裡有印度香料奶茶館。3. 老屋樓梯走起來咯咯作響。4. 隔間展售異國服飾、嬉皮小物。5. R 微光 232 文創品牌也是老屋的迷你小舖。

「若你是女生，你沒機會走進來！若是男生，你需要有勇氣，才走得進來！」聽著 Mira 介紹曾為公娼寮的春陽綠舍，不禁令人莞爾一笑。位於高雄中學對面的繼光街裡，遠遠望去的綠色木造老屋，和老社區成排鋼筋水泥的街屋形成強烈對比，對於街坊鄰居而言，老屋前身的「春陽旅社」更是深深刻在腦海裡一甲子時光，Mira 指著當年「反雛妓運動之旅館」的掛版，彷彿重現早期台灣新浪潮電影時期，在此上演許多人生的悲歡離合。

Mira 說，初見這棟百年木建築時，只能用「慘不忍睹」來形容，她足足費時八個月整建修復：讓傳統建築土埆厝結構仍完好可見，磨石子地板、陡斜的木梯、馬賽克磚浴缸等保持著老建築靈魂的生活溫度。

由於旅社房間數量多、空間小，而將隔間整併成展示間、教室等，原有建材盡量重複使用，包括門片、床架鐵件再利用等，鋪上榻榻米，打開的窗櫺，老屋裡流通的自然風舒服宜人，烙印的光影像是歲月的濫觴，靜靜地回望著來時過往。

春陽綠舍輕食背包則是一處複合空間，有印度香料奶茶、二手書、文創工作室、背包旅人、心靈課程、異國服飾、嬉皮小物、塔羅占卜，Mira 之前長達十多年自助旅行歷程，最常在印度生活，她的印度香料奶茶常常令人一試成主顧，另可預訂無菜單料理，在老屋的早午餐中，慢慢咀嚼一種屬於光陰的味道。

印度奶茶下午茶。

起家厝

隱居三鳳中街裡的甜點屋

起家厝

臨近捷運：高雄車站
地址：高雄市三民區三鳳中街 28 巷 9 號
電話：（07）285-8009
時間：12:00 ～ 21:00，週一店休

天然果汁氣泡水。

座落於高雄年貨大街三鳳中街的起家厝，位置實在隱密得令人驚喜，門楣上掛著「起家厝」的木匾額，以及門邊張貼的紅色門聯，古色古香的氣質和老屋多麼契合。老闆小白師傅說，這棟老屋早期是三鳳中街樓層最高的透天厝，從陽台可眺看此處老城區的風貌，即便如今相對街上人聲鼎沸的熱鬧場景，起家厝仍保持鬧中取靜的氣韻。

起家厝是一間老屋西點商行，但不同於時下甜點品牌訴求的精品形象，走進這裡，總會予人一份回家的自在感，少了服務生的招呼話術，倒是能在吧台見到小白師傅製作甜點的身影。從事烘焙多年的小白師傅善於西式糕點，曾經遠赴上海、廣州等地擔任甜點主廚，反而在回台之後過起市集擺攤的簡單生活。

黑板寫著每日推出的法式甜點，如檸檬、藍莓優格、地瓜蒙布朗、巧克力、桑葚優格、芒果、草莓、綜合野莓、黑玫瑰、紅酒洋梨各種口味的水果塔，全是小白師傅的代表作，不只用料實在、口感獨特，每天現做的水果塔更賦予藝術品般的夢幻造型，搭配木托盤十分賞心悅目。

還有旗山香蕉海綿蛋糕、香橙重乳酪蛋糕、法式雲朵餅挑逗口腹之欲；淺嚐一口，奶味齒頰留香，正是適合搭配一杯手沖咖啡的鮮醇味道。風琴馬鈴薯烤得香噴噴，吃起來咔滋咔滋，再加上濃郁起司，焗烤料理愛好者絕對會戀上的牽絲美味，炎炎夏日再來一瓶打狗啤酒，別有一番下港風情。

1 2
4 6 3
5

1. 每天的法式甜點口味都不同。2. 季節水果塔超受歡迎。3. 地瓜蒙布朗塔吃得到小農栽種的好農物。4. 門前的可愛塗鴉牆。5. 塗鴉風格讓此處變身年貨大街。6. 店主把老屋布置得生意盎然。

小巷貝果

純手工貝果的慢食態度

手工貝果口味
選擇多。

▍小巷貝果

臨近捷運：高雄車站
地址：高雄市新興區林森一路 198 巷 16 號
電話：0984-254-068
時間：09:00~17:00

3　4　5 | 1　2

1. 門前總是停放小巷手工貝果三輪車。2. 磨石子地板與滿室的木櫃、木桌椅，散發樸素而簡單的生活氣息。3. 不定期展覽。4. 分享心情的留言本。5. 小巷隨筆也有滿滿的手寫溫度。

門口停著一台可愛的改裝三輪車，對這條安和寧靜的小巷道居民而言，早已成為日常裡最熟悉不過的生活風景。綽號「大眼睛」的女孩騎著老鼠貝果三輪車，花了九天的時間，從東台灣花蓮騎回南台灣高雄，之前她在花蓮學習製作貝果，後來載著滿滿祝福圓夢上路，這段歷程還因此登上媒體版面，小巷貝果就在初生之犢的勇氣帶領之下創立，如今即將邁入第五個年頭了。

在小巷貝果裡，牆壁上、桌面上分享著許多生活隨筆，木架上的書籍看得出女主人大眼睛的生活態度，而在製作貝果工作之餘，她總是靜靜地坐在角落讀書，她偏愛心理、哲學、食物、繪本類型的讀物，因此這裡的食材也堅守店主對環境永續互惠的理念。貝果原料是加拿大西部一級紅春麥磨製的麵粉，拌入二砂、龍眼花蜜、海鹽，手工揉製，再經由水煮後烘烤而成；雞蛋來自台南後壁的牧大畜牧場，且通過人道飼養認證；加上花蓮的家咖哩、信功肉品的豬肉培根、新竹老字號的福源花生醬，用心烹煮的食物需要時間，而這也是小巷貝果的慢食態度。

小巷貝果共有雜糧、蜂蜜肉桂葡萄、義式番茄、伯爵紅茶、巧克力、野莓果、抹茶紅豆、起士番茄、乳酪核桃等口味可供選擇，純手工製作的紮實口感分外鮮明，咀嚼時外皮硬脆，建議細嚼慢嚥體會彈牙帶勁的貝果精髓喔！

喵星人的家。

繪本帶來童趣。

Entrance 安全室

一個通往夢想的入口

5 | 1 2 3 4

1. 安全室在老社區民宅裡，顯得獨樹一格。2. 黑糖拿鐵。3. 法式香草烤布蕾、手作餅乾。4. 牛肝菌菇蘆筍燉飯。5. 這裡主要設計為展覽與閱讀的空間，斜屋頂、五角形書牆充滿設計美感。

具建築與室內設計背景的王浩瀚，原想打造一間夢想中的旅店，卻在現實面前轉了個彎，改以展覽、住宅、閱讀為空間的設計概念，其實安全室是源自一股照顧藝術家的初衷，王浩瀚說：「我們想在高雄為那些需要安靜獨處，或想暫時遠離吵鬧的人建立一個空

室內設計師王浩瀚與主廚 **James** 攜手創造安全室。

Entrance 安全室

臨近捷運：高雄車站。轉乘紅 27 路公車於市中一路下車
地址：高雄市三民區力行路 230 號
電話：（07）323-0578
時間：依臉書公告
FB：Entrance 安全室

間，並讓有才華卻無空間辦展的藝術創作者有地方展出作品。」所以他也特別聲明，這裡提供的茶飲、咖啡或餐點都是平時工作夥伴生活的體現，安全室不是餐廳，也不是咖啡館，是一個使人沉澱的寧靜空間。

位處中都濕地公園附近一片老社區中，「安全室」顯得與眾不同。極不顯眼的招牌，讓人摸不著頭緒，連推開大門走進去都需要勇氣。室內外大量採用白色基調，一樓開放式廚房占了大半空間，走上二樓，和煦的陽光從遼闊的五角形落地玻璃窗傾洩而下，營造居家般的明亮、舒適，瀰漫寧靜感，讓喧囂的人心立刻沉澱，可以聚精會神地欣賞一場展覽，或專注地看完一本書，而這也是安全室的初衷與堅持。

一、二樓的白色牆面為無償使用、免費參觀的展場，透過白色與木紋色交織的寬闊空間，自動篩選出水準之上的設計作品。在五角形窗邊和陽光約會，享受猶如美食家與美食的優雅相遇，一道牛肝菌菇燉飯使用義大利生米炒米，米心有嚼勁且粒粒分明，令牛肝菌菇香氣更形突出，而創意的泡菜雞肉濃郁又爽口，王浩瀚笑說，這裡的餐點出身不凡，主廚James擁有南法普羅旺斯米其林三星de Cote des Olivades的歷練，無論是日常提供的甜點飲品，如烤布蕾、焦糖咖啡，抑或是週末才有的特製咖哩、義式料理等正餐，都讓人有物超所值的驚艷。

從捷運高雄車站搭紅27路公車至市中一路下車，下次，途經力行路，瞧見這座獨樹一格、美麗動人的白色建築物，請不要猶豫，勇敢地推門走入這個夢想的入口，享受一個靜心飽滿的下午。

特別企劃 3 KAOHSIUNG

手沖單品咖啡復興運動

巷弄裡飄出來陣陣咖啡香，小小間的咖啡店面不需要很大的空間，或是醒目招牌，有一個安靜的角落，或者，有一個吧台前的座位即可。有人利用忙碌空檔偷閒，有的人則是選擇閑庭信步的慢活步調。其實，咖啡早已不只是飲品，而是一種生活文化以及品味的態度，就像是文青風的咖啡館也可以成為新世代的形象。

相較於義式咖啡市場，近年高雄地區的手沖單品咖啡風氣相當興盛，雖然台灣並非咖啡盛產地，卻擁有堪稱全世界密度最高的咖啡自家烘焙圈，尤其在高手如雲的「世界盃烘豆大賽」讓台灣拿下冠軍之後，促使高雄手沖單品咖啡的愛好者獲得愈來愈多的交流機會，包括開設手沖咖啡體驗課程，甚至舉辦許多手沖咖啡比賽，如「大港盃咖啡烘焙交流賽」等，手沖咖啡在高雄儼然成為一門顯學。

▲ **Zeko Cafe** 日口珈琲有咖啡名人加持。

1. 女孩們超愛安窩咖啡的雲朵可可。2. 閨蜜咖啡有肉桂和蜂蜜增添風味。3. **Zeko Cafe** 日口珈琲的港都夜雨。4. 在卡麥拉咖啡喝咖啡、聊攝影。5. **Bikecoffee** 拜克咖啡師的圓夢人生。

▲ 三鳳中街年貨大街裡的起家厝老屋西點商行。

看著咖啡師精心挑選的咖啡豆，放進研磨機咯咯作響，然後聞聞香氣，臉上露出幸福的表情，提起手慢慢地注水，那是屬於專注在自己世界裡的慢靈魂，還有咖啡師追求更極致的日式手沖點滴法，有些咖啡豆則是適合虹吸式咖啡壺，在咖啡師手裡的攪拌棒慢慢散發出底蘊。「喜歡的味道」、「焙豆的深度」、「產區的季節」，在這些咖啡師的提問裡，探索屬於自己個性的咖啡豆，就像Bikecoffee拜克咖啡的咖啡師陳岱溶說的「人，才是咖啡館的靈魂」，Zeko Cafe日口珈琲的小寶用一款「港都夜雨」呈現關於高雄的故事，Camera Coffee卡麥拉的咖啡師Alice為咖啡搭配完美的手工甜點，如想尋找手沖咖啡的生活故事，不妨前往Entrance安全室、起家厝交換你的第36個故事。

在熙熙攘攘裡發現美好

南紅線：美麗島站－小港站

駐足美麗島站的光之穹頂下，
迎向飛揚的中央公園站入口處，
仔細端詳這個曾被美國旅遊網站評選為
「全世界最美麗的十五座地鐵站」之一、
以及國際知名新聞網站票選為
「紐約客夢寐以求的全球八大最美地鐵站」之一；
即便擁有這些美麗的名號，
它的美好低調仍隱藏在日復一日的人來人往之間。
新堀江、三多商圈熙熙攘攘，
但小餐館廚房煮咖啡步調慢慢的，
連毛孩子們都是一副與我何干的模樣，
在此地生活真是慵懶得令人羨慕啊！

❶ 喜八珈琲店
❷ **Café De Timing** 滴。時刻 手作 咖啡廚房
❸ 野餐計畫
❹ 小島藝廊公寓
❺ **Artisan Cafe** 美森咖啡
❻ 波波莉可洋菓子《**boborico**》
❼ 覓食廚房
❽ 描 **Café** × 屋 **Brunch**
❾ **Lay** 皮革精品設計
❿ 下次見 **see ya**
⓫ 小書卷文化商店
⓬ 小房子書舖
⓭ **KamoGamo** 貓窩
⓮ 同・居 **With Inn Hostel**
⓯ 本東畫材咖啡
⓰ 撥撥橘
⓱ 然亭町居食屋
⓲ 方寸之間
⓳ **Lee & daughters** 李氏商行
⓴ **Lee's Second Chapter**
㉑ **Montage** 蒙太奇義法式鄉村廚房
㉒ **Vivace** 維那奇咖啡
㉓ **Mi's MATE**
㉔ 鄭江號
㉕ 好福咖啡 **Hove Coffee**
㉖ 替人著想小餐館

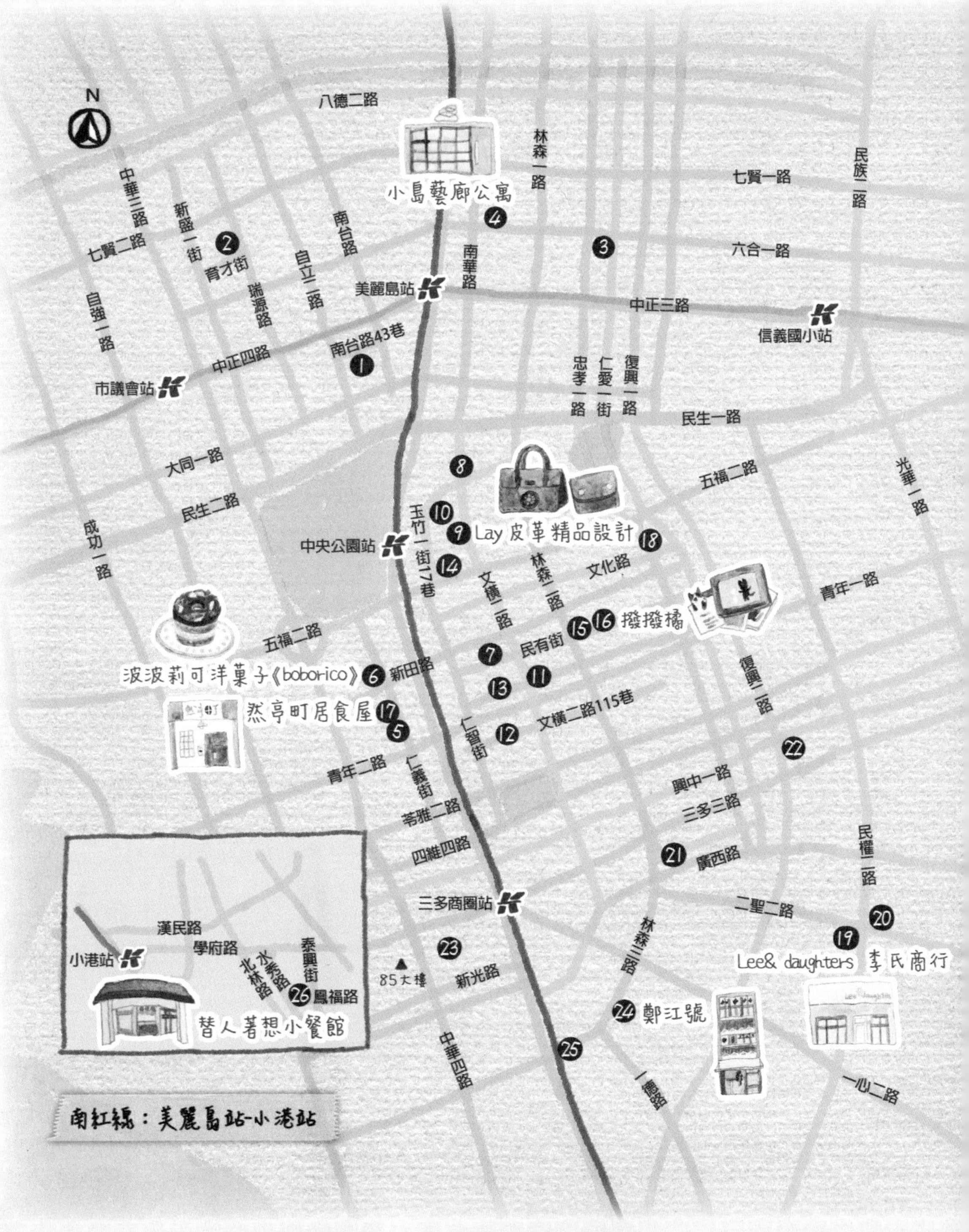
N
八德二路
林森一路
民族二路
七賢一路
小島藝廊公寓
中華三路
新盛一街
南台路
七賢二路
育才街
南華路
六合一路
自立二路
瑞源路
美麗島站
中正三路
自強一路
信義國小站
南台路43巷
中正四路
忠孝一路
仁愛一街
復興一路
市議會站
民生一路
大同一路
五福二路
光華一路
民生二路
玉竹一街17巷
Lay 皮革精品設計
中央公園站
成功一路
林森二路
文化路
文橫二路
青年一路
撥撥橘
五福二路
民有街
波波莉可洋菓子《boborico》
新田路
復興二路
然亭町居食屋
文橫二路115巷
仁智街
青年二路
仁義街
興中一路
苓雅二路
三多三路
四維四路
民權二路
廣西路
三多商圈站
二聖二路
漢民路
學府路
泰興街
小港站
北林路
水秀路
鳳福路
85大樓
新光路
林森三路
Lee& daughters 李氏商行
替人著想小餐館
鄭江號
中華四路
一德路
一心二路
南紅線：美麗島站-小港站

喜八珈琲店

在工業風老屋享用日式早午餐

1 2 3 4 5

1. 輕工業風設計。2. 巷弄裡的老屋街景。3. 日本風味的焙茶拿鐵。4. 小八茶泡飯餐有梅子和鮭魚兩種風味。5. 飯糰套餐有蜜梅紫蘇、香柚鮭魚、海苔乳酪、蒜苗鹽豬、焗烤明太子口味。

日式磅蛋糕。

距離捷運美麗島站約三分鐘路程的喜八珈琲店，不同於坊間店面的群聚商圈，整條巷道僅有這一家店面，但熙來攘往的人潮更顯見店家的超夯人氣。祖母綠的拼貼磁磚門率先勾勒出頗具年代感的復古主題，也鋪陳出老屋背景，當初進駐的室內設計工作室，就是設定低調不張揚的巷弄生活，這棟透天老屋閒置多年，恰好一拍即合，同時也作為跨足餐飲的獨立品牌概念店。

在自家設計師主導之下，喜八珈琲店完全落實設計師的想法，天花板、牆壁保持了老屋原貌，水泥色彩營造簡單質樸的空間印象，加上建築立面的窗戶數量相當多，室內整體採光絕佳，顛覆了水泥灰暗的刻板情境。天花板上黑色鐵管的管線交錯並陳，牆面上的掛畫展示收藏，還有為空間設計的桌燈，混和工業風的小細節，讓舊結構、新包裝的老屋設計兼容並蓄。

這裡主打日式早午餐，從最初的飯糰衍生出茶泡飯餐，店長透露為了尋找最適合飯糰口感的米飯，足足費時半年試煮多種品牌的白米。茶泡飯碗裡放入柴魚、玄米粒、蛋絲、海苔，有梅子和鮭魚口味，是湯頭清爽的日式吃法，夏天提振食欲，冬天溫胃暖身，可說是最標準的「輕食」選擇。同樣極暢銷的餐點還有日式鬆餅，現點現做的厚鬆餅，每次製作約費時十分鐘，無論佐以杏仁香蕉、紅酒漬果或抹茶冰淇淋，看起來都是誘人可口啊！

由設計師改造的
透天厝咖啡店。

喜八珈琲店

臨近捷運：美麗島站
地址：高雄市新興區南台路 43 巷 21 號
電話：（07）281-2875
時間：10:00 ～ 18:00

老社區裡的文青據點

Café De Timing 滴。時刻 手作 咖啡廚房

口感馥郁的抹茶拿鐵。

Café De Timing 滴。時刻 手作 咖啡廚房

臨近捷運：美麗島站
地址：高雄市前金區育才街 4 號
電話：（07）285-8504
時間：09:00 ～ 19:00

咖啡館正前方原是軍事用地的小公園，得以想見在成立社區公園之前的周邊環境是多麼隱蔽，甚至在地居民也罕有人能夠指出育才街所在位置，而咖啡館前身是一間舊式卡拉OK，長期處於老社區的生活形象，如今窗明几淨的落地窗取代封閉的鐵捲門，騎樓下的咖啡座不再是無人問津的城市角落，木棧花台綠意向陽深呼吸，就算是路過，也能帶給人們片刻的好心情。

咖啡吧台上的時鐘宛如裝置藝術，不禁讓人聯想冰滴咖啡緩慢儲存時間的味道，在這裡喝咖啡是一種慢慢來的步調，牆邊吊置一台老鐵馬，也呼應放慢的生活節奏。木棧板被拆解錯落地釘在牆上，以小盆栽點綴生氣，同樣由木片拼接的雜物櫃擺了書、咖啡壺，咖啡館主人隨興所至的手藝，不刻意著墨的設計品味，果然令木工少了匠氣、多了溫度；有時在平凡生活裡，微小的改變就是一件很美的事。

把生活過得有滋有味，還包括自己動手做料理：調製青醬、紅酒肉醬、香蒜醬、優格醬等，或義大利麵、燉飯，這裡的手桿麵包更不假他人之手，麵包、土司、軟法麵包新鮮手作，時下流行的帕里尼讓料理的輕盈感更純粹，現點現煎的墨西哥薄餅趁熱吃出香脆好口感，咖啡好朋友少不了自家廚房烘焙的大理石乳酪蛋糕、布朗尼冰淇淋等甜點，不妨搭配焦糖瑪奇朵、抹茶拿鐵等特調組合。

3 4 5 | 1 | 6 7 | 2

1. 屋頂大時鐘呼應店名意象。2. 隱身在街角的咖啡館。3. 店內也有來自英國的 **Teapigs** 茶包。4. 一定不能錯過的拿鐵咖啡。5. 清爽無負擔的輕食餐點。6.7. 室內裝潢充滿文青風格。

1. 豐富的歐姆蛋早餐。2. 香醇的熱咖啡。3.4. 選用木作餐椅令店面散發一股鄉村風。

野餐計畫

體會木作鄉村風的料理小日子

落地窗前的PICNIC字樣在街景映襯下，顯得簡單不浮誇。在繁忙的都會城市發現野餐計畫，腦海馬上浮現一幅悠閒的度假畫面，就像是放假的心情，輕鬆而愉悅。木柵欄的迷你庭院植物生氣蓬勃，木作桌椅書牆讓自然素材營造出清新的鄉村風，加上小太陽般的黃色空間，野餐計畫讓人享受滿滿的朝氣活力。

野餐計畫發起人阿綸及阿萩，一直懷抱開一間小店的夢想，原本就有餐飲科的背景，且累積多年餐飲工作經驗，兩人的「野餐計畫」猶如一場圓夢過程。計畫的第一步就是尋覓老房子，於是兩個女孩將這棟四十年屋齡的透天厝著手改造，然後開始投注心力在料理上。主廚推薦的手撕豬肉三明治，做法堪稱不能說的祕密，把特製沾醬抹在醃漬過的豬五花肉上，再用烤箱烘烤約兩小時，搭配紫高麗菜絲，完全是極致呈現三明治色香味的代表作。還有辣味豬肉馬司卡彭起司歐姆蛋、菇菇雞歐姆蛋捲、骰子牛經典早餐等，也同樣受到好評；負責掌廚的阿綸笑稱她們的野餐計畫「無肉不歡」。

除了做料理過生活，在野餐計畫裡也分享了兩個女孩做自己的生活態度，喵孩子的插畫攝影布置在牆上，門口的彩虹旗是對愛與自由的認同，有時放假旅行，偶爾在野餐計畫某個小片刻，靜靜地與自己同在，偶爾聽聽客人的故事，每一天都是美好的小日子。

阿綸及阿萩是野餐計畫的發起人。

野餐計畫

臨近捷運：美麗島站（8 號出口）
地址：高雄市新興區忠孝一路 348 號
電話：（07）236-2013
時間：10:00 ～ 20:00

小島藝廊公寓

新舊建築紋理交錯的新銳設計

One way fun
皮革設計。

「木梁作」的食器。

小島藝廊公寓

臨近捷運：美麗島站
地址：高雄市新興區六合一路 148 號
電話：公寓（07）238-8166、藝廊 0965-330-178
時間：小島藝廊 10:00 ～ 21:00，週一店休

陳列精選的手工藝品。

3 | 1
4 | 2

1.2.4. 這裡的地下室有展覽空間及手作教室。3. 小島公寓的住房，簡單舒適令人心情放鬆。

高雄近年推動以設計翻轉城市，無論是文創品牌或建築地標皆成果卓越，小島藝廊公寓也是這波新銳設計之一。鄰近捷運美麗島站，歷經早期大港埔圓環商圈發展，六合路上的街景彷彿抹上一環歲月的光暈，躋身其中的藝廊倒顯得新穎且低調。

這是一棟五十年屋齡的透天厝，是小島設計師 Ray 一輩子的記憶，來自音樂世家的他，生活在充滿音樂藝術的住家中，天天聽著父母教琴的聲音、播放的交響樂。在國外學成歸國的 Ray，決心將這棟裝載著情感及記憶的房子，改裝成他理想中的旅店，保留早期台灣最具代表性的磨石子地板、房內擺進父親留下來的手風琴。這裡的設計不假他人之手，Ray 帶著美好記憶，將老物件帶向新時代。

這棟以藝廊和公寓結合的複合式空間，以藝術公寓為主軸，結合舊建材與新手法，並將合作的藝術畫作或手創品牌擺入房內，像是畫上美國快閃塗鴉大師作品的「塗鴉房」，或是「LAZY 房」以攝影師黃建達「海口紀實攝影展」的作品為廊道印象，Ray 在最喜歡的當代房裡，擺放了他自己珍藏多年的手風琴。

從一樓延伸到地下室的小島藝廊，作為展覽與手創品牌空間，在水泥粉光牆面與老屋磨石子地板的簡單鋪陳之下，整個展覽空間呈現另類留白的設計思維，從門外落地窗望進室內，讓人以為是店中店的出奇設計，除了設置手創商品區，也不定期舉辦手作課程、講座。

Artisan Cafe 美森咖啡
臨近捷運：中央公園站
地址：高雄市前金區仁義街 223 號
電話：（07）231-2188
時間：12:00 ～ 19:30

專業咖啡師的慢靈魂

Artisan Cafe 美森咖啡

不同於人來人往的商圈生活步調，仁義街顯得不那麼簇擁，即便鄰近捷運中央公園站，這裡總有一股安然自得的情調，就像美森咖啡每天中午十二點才開始營業，晚上七點便收工；咖啡館主人 Jeremy 特意錯開用餐的尖峰時段，如此才得以保有自身的生活品質。

Jeremy 戴著一副黑框眼鏡，談吐條理分明，果不其然，工程師的性格讓他鑽研起咖啡也是按部就班，最初從商業豆領域循序至精緻的單品咖啡，相對坊間在烘豆、拉花等各種技術層面著力切磋，Jeremy 第一步即是取得杯測師證照，由此可見，Jeremy 不盲目追求比賽競爭，亦不隨波逐流，依著自己的步調，走自己的路，有時也不定期開授品測沖煮課程。他說，「人」才是咖啡館的靈魂，所以他總是不疾不徐地手沖咖啡、與客人輕鬆聊天，餘暇時調整空間陳設，偶爾放假旅行，「讓自己開心很重要。」他慢條斯理地說道。

坐在吧台前，聞著咖啡香，獨處是一種 VIP 享受。難得一見的手搖磨豆機即刻吸引目光，Jeremy 轉身拿了烘杯架上的咖啡杯，使手沖咖啡達到保溫效果，從機器設備的精進甚至到杯子的選擇，每一件事都要做到專精。陽光旖旎的正午時分，正好走進這裡，來一場午茶時光的慢食約會，檸香手揉磅蛋糕、黑糖磅蛋糕以蘋果肉桂點綴、重乳酪蛋糕與瑪德蓮搭配黑咖啡都是好味道，美式漢堡採用「小農關係」友善動物的雞蛋，慢慢品嚐剛好的自然輕食份量。

沒有多餘的綴飾，
直接以香醇口感擄
獲客人的味蕾。

4 | 1 2 3
5
6

1.2.3.5.6. 滿室飄著手沖咖啡的香氣，來這裡小飲一杯咖啡，感受愜意生活。
4. 咖啡館外觀極具設計感。

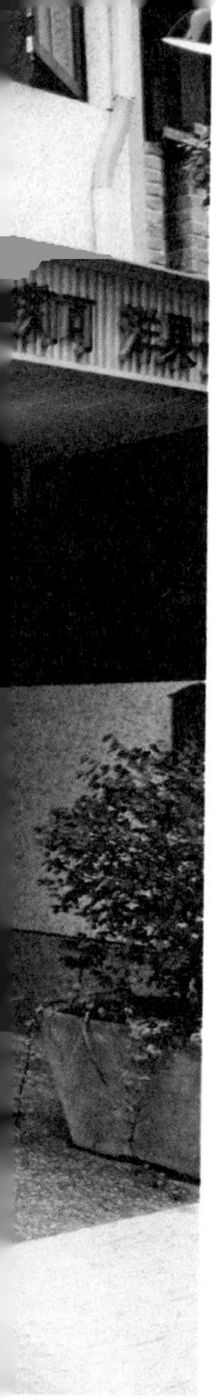

滿室的乾燥花布置，充滿浪漫的鄉村風色彩。

波波莉可洋菓子《boborico》

超人氣的小戚風蛋糕和法式小塔

超人氣的小戚風蛋糕。

選在潮店一級戰區的新堀江商圈開業，足見波波莉可對自家甜點的自信，尤其與巴黎波波麵包系出同門，自然在甜點圈備受期待。在空間設計上，同樣浮現歐式鄉村風，然而波波莉可洋菓子更偏愛溫暖的南法風情。彷如地中海的陽光照在大地上，水藍色大門、青綠色窗台，天空、草地相互呼應，走進甜點屋裡，滿室植物布置得猶如溫室一般，令人不禁聯想起花園裡少女的娉婷身影。

蛋糕櫃的夢幻甜點，真是洋溢南法的浪漫氣息。小戚風蛋糕、法式小塔是兩大超人氣招牌，原味香草、抹茶紅豆泥、紅茶糖漬蘋果、奶油可可戚風蛋糕膨鬆潤口，法式小塔則依季節水果搭配而成，傳統的達克瓦茲源自法國西南部的溫泉鄉達茲，是一種由大量的蛋白、杏仁粉和糖粉製成的蛋白餅，經烘烤會形成外

4 | 1 | 2 3 | 5

1.2.3. 口感豐富的法式小塔、水果塔。4. 店面洋溢南法風。5. 主廚李新惠對甜點充滿想像。

層酥脆、內部柔軟輕盈的特殊口感，有焦糖核桃、蘭姆葡萄、藍莓、覆盆子、可可柳橙等十種口味，尤其抹茶控、甜點控，看到雙倍抹茶、隱藏版蛋糕捲、泡芙、棒棒糖，更會難以自持！

科班出身的主廚李新惠認為，比起製作麵包，甜點更能恣意發揮想像，而且用心嚴選日本熊本麵粉、「極上」森半抹茶粉、法國 LESCURE 藍絲可的無鹽發酵奶油、CACAO BARRY 可可巴芮巧克力等各種頂級原物料，讓雙人下午茶更物超所值！

波波莉可洋菓子《boborico》
臨近捷運：中央公園站
地址：高雄市前金區仁義街 273 號
電話：（07）216-0899
時間：12:00 ～ 21:00，週二店休

3 4
5
1 2

1.2. 室內用大量的植物裝飾、蔬果圖騰豐富視覺。3.4. 會讓人一試成主顧的義大利麵和義式炒飯。5. 這裡的氛圍悠閒自在。

綴滿水果的人氣鬆餅。

店內喝得到自家配方的烘豆咖啡。

覓食廚房

打造在森林享受美食的夢想

水泥牆上寫著「Live not to eat, but eat to live.」、「There are dreams unless first, everything is not all good.」，在滿室鄉村植物的盎然生機裡，素顏的水泥牆倒顯得突出，英文句子的涵意讓人細細咀嚼主人在廚房的心思。出自美國詩人卡爾．桑德堡的格言，恰恰是覓食廚房的寫照，「除非先有夢，否則一切皆不成」。金牛座女孩Moss和巨蟹座男孩Alan不約而同都想開店圓夢，於是擁有室內設計背景的Moss，結合了Alan十多年的餐飲資歷，打造心目中夢想的覓食廚房。

「即便位於巷弄，也要有一個前院，可以種植一些花花草草。」這是Moss的堅持。來到這裡，果然有宛若在森林用餐的奇幻妙境；木棧板吊燈投影在全幅森林步道的陽光小徑手繪牆上，加上吊穗布置，所有以大自然為題材的創作全出自Moss之手；而戶外的香草盆栽，也成為廚房料理最佳素材。

Moss笑說，土象金牛擇善固執，水象巨蟹溫柔和善，但其實Alan對料理執著更勝金牛座，不但講究天然食材，還自我精進創意嘗試，例如鮮蝦黃金炒飯嚴選的白蝦、覓鮭魚義式炒飯擺盤的紮實份量，以及使用義大利第一品牌Barilla義大利麵，還有自家祕方、現點現做的鬆餅，……而這裡的義大利麵和黃金炒飯，更讓人一試成主顧！

覓食廚房

臨近捷運：中央公園站

地址：高雄市新興區文橫二路 127 巷 20 號

電話：0976-225-381

時間：11:30 ～ 21:30

描 Cafe×屋 Brunch

貓奴必飲的描靈魂咖啡

描 Cafe×屋 Brunch
臨近捷運：中央公園站
地址：高雄市新興區文橫一路 68 號
電話：（07）281-6196
時間：09:00 ～ 18:00

引人注目的藍色門框。

2 3 1 4

1. 轉角落地窗的風景。2. 單品手沖咖啡。3. 滑嫩的野菇歐姆蛋。4. 簡約的木作空間。

面對新興高中校園綠地的三角窗，白色的「描Café×屋 Brunch」就矗立在街頭，在新堀江商圈爭奇鬥艷的商街上，相對地顯得小家碧玉。純白的建築立面，搭配藍色落地窗框，地板鋪設了木棧板，天花板採水泥粉光，彷如簡約自然的北歐風，為生活帶來一絲清爽的悠閒步調。

看到「描屋」店名，直覺聯想近來蔚為風行的「貓奴」一詞，這裡想必住著一群貓奴。正當攝影鏡頭對焦在木椅下方的喵小孩時，貓奴代言人、店長子晴笑著說，店貓阿各面對鏡頭完全不怯生，所以許多貓奴客人總愛追逐阿各身影，而描屋的五隻喵小孩，從前都是流浪貓。店長為了給牠們一個安全舒適的家，描屋裡還建造了貓跳台，時而慵懶的睡姿，時而守護著貓糧，各種眼神都是小劇場，透過玻璃窗還能夠觀察牠們在玩躲貓貓遊戲呢！

描屋裡少不了的「描靈魂咖啡」，來自單品手沖咖啡的創意發想，熱卡布奇諾、單品咖啡冰塊、espresso三款咖啡，三種層次的混搭，讓客人可自行調配濃淡口味，加上不定期變換的單品咖啡豆，更會令人感受出奇不意的新鮮感。Brunch料理有野菇歐姆蛋、蒙特婁骰子牛等，法國軟麵包、手工貝果不定時配搭組合。這裡手作的不只料理、咖啡，餐盤、桌椅也全是自家「玩。木工作室」製作而成，縈繞著舒緩溫暖的生活氣氛，同時也可以參與小型電影院、講座等活動。

喵屋裡吃貓糧。

Hi，我是阿各！

手作小物繽紛多樣的店中店
Lay 皮革精品設計

漫步在鄰近捷運中央公園站的原宿玉竹商圈，總能在巷弄間發現許多個性小舖，相較素有南台灣西門町之稱的新堀江商圈，玉竹商圈同樣潮店林立，且有不少獨創品牌自成聚落，在大量流行時尚的制約下，形成年輕人實現夢想的基地。畢業於台南應用科技大學時尚設計系的施文蕾 Lay，就是到此地築夢的女孩之一。

門口張貼著「文創×手作：創意市集、手作課程、皮件訂製、原創商品」，落地窗裡的迷你展示櫃布置著簡單的療癒系商品，一如鄰家女孩般的溫暖氣質，親切而恬靜。走進小店，格子櫃宛如小型市集店中店的型態，歷久不衰的口金包最受上班族輕熟女喜愛。許多市集夥

9
1 4
10 2 5
3 6 7 8

1.2.3.4.5.6. 這裡的手作皮革包都有形、有款。皮夾、手機套、手工真皮項圈也超有質感。7.8. 有興趣的同好，這裡也有皮件 **DIY** 手作課程。9.10. 位在玉竹商圈的個性小舖。

記事本手工皮套。

Lay 皮革精品設計
臨近捷運：中央公園站
地址：高雄市新興區文橫一路 25 巷 29 號
電話：（07）221-7183
時間：12:00～20:00，週一店休

伴的商品也在此寄賣，例如手繪明信片、編織手環、香氛蠟燭、珠寶盒、帆布包等，讓人逛著小舖感受悠然自在，而對許多熱愛生活手作的同好而言，這裡的確是挖寶的好地方。

Lay不想只做客製化商品，更努力實現自創品牌的夢想，展示櫃上的非賣品是Lay的畢業作品，落落大方的設計感，細膩的縫線更可見Lay紮實功底。小店舖也是Lay的個人工作室，平時總安靜地沉浸在自己的創作小天地裡，一雙巧手有時裁剪、有時縫合、有時打印，說起話來聲調甜美、態度專業，有興趣的同好可以報名體驗製作名片夾、筆記本、證件套、零錢包、手環、鑰匙圈等手作課程。

下次見 see ya

體驗藝術生活的青年旅店

走在玉竹一街上，成排街屋透露老社區的生活氣息，下次見 see ya 的外觀是老屋建築，卻又有工業風新式建築拉皮後的錯覺，相對於左鄰右舍的質樸，反襯出低調出色的能見度。設計師大膽嘗試在騎樓水泥地挖空裝置玻璃板，如此使得陽光發揮更多視覺延展性，一改地下室晦澀的刻板印象，而僅是門口的改變，老屋就足以令人讚嘆驚艷。

白色的簡潔，木頭的溫度，鐵件的個性，三者構成老屋全新的生活行旅空間，拆掉的隔間換來一道深長的鍍鋅鋼材廊道階梯，拾級而上又保留原有的樓梯樣貌，宛如新舊交錯的時空膠囊。這棟透天厝被賦予更多設計的想像面貌，打掉街屋外牆、女兒牆，讓陽光透進室內，有別一般地下室置物倉儲的功能，讓生活藝術從一樓走入地下室，入夜後的櫃台變吧台，輕音樂換成爵士樂，還可以微醺地喝一杯。

這是關於旅行、生活藝術的分享空間，管家松鹿說：「我們強調生活的次方，就是要凸顯生活方式的重要性。」以青年旅店為號召，同時也有快閃商店、展覽場地、休憩空間等不同面貌，甚至創造店中店、展中展的實驗性空間，以及策劃推出派對烤肉 BBQ、音樂 Party、電影播放等活動，在這裡互道「下次見」時，不僅有旅人的足跡、藝術商品的展出，還有創意無限的設計空間。

富有設計感的青年旅店。

下次見 see ya

臨近捷運：中央公園站
地址：高雄市新興區玉竹一街 14 號
電話：0913-123-522

1 2
4 3
5

1.2.4.5. 結合藝術展覽、音樂調酒、生活設計的場域。3. 由老屋改造的旅社氣氛別具一格。

小書卷文化商店

知名插畫家的創作工作室

馬良慧插畫代表作
「大人物」的鑰匙圈。

小書卷文化商店

臨近捷運：中央公園站
地址：高雄市新興區林森二路 97 巷 54 號
電話：（07）281-3363
時間：採預約制

《小宇宙飄流散記》畫家馬良慧
的藝術創作工作室。

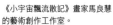

1. 採取預約制的營業方式。2.3.4. 有大人物和小房子插畫的雜貨。5. **HUG**、**HOPE**、親愛的系列插畫明信片。

門牌下的直立木板上寫著「小書卷文化商店」，不同於隨時隨地敞開大門迎接訪客的小舖，這間商店採預約制，但與其說是商店，不如說是《小宇宙飄流散記》畫家馬良慧（Irma）的藝術創作工作室。馬良慧在二〇一四年獲得三星「夢想・繪實現 COLOR YOUR DREAM」手機殼獎項，一舉打開知名度，個性低調的她始終不汲汲營營於名氣，安靜的創作生活如同她的作品流露溫暖的療癒色彩，舒服而真誠。

在獲獎作品裡，一個大人物和一間小房子賦予陪伴和守護者的創作訴求，有別於個人形象化的插畫代言，大人物和小房子廣泛地出現在馬良慧創作裡，她說，每個人的心都像是一棟小小的房子，透過愛及分享堆砌起堅固可愛的心，每個人心裡的小房子，都需要自己細心地守護，而在彼此守護的同時，許多美善的信念便得以撒下種子，並凝聚為傳播的力量。

馬良慧雖是非科班出身，但在決定踏上專職畫家的創作之路前，也累積多年跑攤擺創意市集等經歷，並於二〇〇八年考取高雄街頭藝人證，在愛河及文化中心擺攤畫圖。不僅創作插畫，她也熱衷縫製手作，除了HUG、HOPE、親愛的系列插畫明信片，還有羊毛氈擺飾、鑰匙圈、項鍊等商品。這裡每個角落恣意布置，廢棄的木窗框、鐵花窗、棉布袋、雜物袋讓人隨處挖寶，感受十足的小確幸。

廢材再利用製成家具，環保又好看。

小房子書鋪

用純真灌溉的童書小舖

說故事時間到囉！

這間棲身巷弄老宅裡的書店，有個充滿童心、可愛的名字，店名「小房子書鋪」，說明這裡既是小房子，也是小書舖，不同於其他以社會議題為特色的獨立書店，此處其實是以推廣兒童閱讀為主的生活空間，雖不及圖書館規模，小空間的布置卻讓人感覺溫馨舒怡。

這裡是由蒲公英故事閱讀推廣協會所成立的獨立書店，也是全台唯一NPO非營利組織經營的書舖，協會總幹事王怡鳳特別強調，小房子書舖並非以收書為目的，初衷是創造一個共享閱讀資源的空間，其中又以童書繪本的藏書最豐富，包括英、法、日、義等多國語言的外文繪本，以及整個樓層的藏書庫。

在這棟雙併建築裡，除了是童書繪本書店之外，同時結合了展覽及雜貨，白色小木屋作為新書的短期書展、藏書庫及說故事的場地，原木小木屋則是小房子藝廊空間，不定期舉辦曬書節二手市集，及書展講座等活動。面對著整面留白的水

小房子書鋪

臨近捷運：中央公園站
地址：高雄市苓雅區文橫二路 115 巷 15 號
電話：（07）338-0887
時間：10:00～18:00，週一、二店休

3 | 1
2
4

1.4. 藏書豐富的繪本屋。2. 不妨來小房子的藝廊欣賞作品。3. 藏身在巷弄的店面小而溫馨。

泥牆、紅磚牆，軌道燈投射光線聚焦，坐在長板凳凝神注視，整棟老屋的建築紋理也自然而然映入眼底，看似打掉重練的老屋改建過程，反而更加落實環保的生活態度，牆壁上的層板書框便是窗框拆掉再利用，還有風琴椅等舊物回收再裝置，加上以檜木搭建的上課教室散發清新香氣，午後閒庭信步隨想而起，「生活裡沒有書籍，就好像沒有陽光；智慧裡沒有書籍，就好像鳥兒沒有翅膀。」莎士比亞這麼說過。

品嚐美味料理再逛逛設計雜貨

KamoGamo 貓窩

可愛的貓咪小包包。

這間貓窩很忙，不只因為店主與喵小孩一起生活，也供應現做料理和自家甜點，還有獨立音樂小白兔唱片行、設計師商品和no.18 Gallery 展覽創作的小教室。不過，貓窩女主人黑貓特別叮嚀：「KamoGamo 貓窩不是寵物餐廳喔！」

往這條安靜的巷道望進去，街屋上的貓窩由老屋舊倉庫改建，看起來很有裝置藝術的味道。推開門之前，毛玻璃上貼的便條紙寫著「內有毛弟＆黑毛，請隨手輕關上門，以防好奇的貓咪往

外跑，可不好囉！」貓窩裡的牆上掛著歷代喵店長的卡通肖像，有店貓在家，每每都令貓奴們心悅誠服。

滿室老家具不難看出貓窩老闆KK蒐集復古老件的喜好，磨石子地板刻意搭配粗糙面的水泥牆，營造復古的空間感。老式沙發椅、縫紉機、檯燈、電話機和聲音機堆疊出時光記憶，主人利用黑膠唱片布置牆面大玩設計空間，加上使用紅酒箱的木棧板打造的吧台，讓這裡處處充滿懷舊氛圍。

黑貓的好廚藝讓貓窩的料理經常需要預訂，而在貓窩的小小廚房也能品嚐到KamoGamo自製的甜點巧克力布朗尼，抹著法式手工果醬或香草冰淇淋，果真是甜點控難以招架的美味極品。吃飽了，還可逛逛前院的雜貨小舖，各種紙膠帶、筆記本、明信片等，文具控可得小心荷包囉！

KamoGamo 貓窩

臨近捷運：中央公園站
地址：高雄市新興區文橫二路 121 巷 22 號
電話：（07）282-0618
時間：12:00～21:00，週一、二店休

品嚐南蠻塔塔風嫩煎雞腿的道地和風味。

1.3. 由老屋舊倉庫改建的貓窩。2.4.5. 車庫裡的雜貨舖。

同．居 With Inn Hostel

到靜謐的巷弄老屋住一宿

鄉村里斯本早午餐。

紐約台客早午餐。

3　2｜1

1. 屋齡半百的透天厝，坐擁小庭院自成一格。2. 靜謐的背包客棧。3. 老屋原本的廚房變成接待櫃台。

同・居 With Inn Hostel

臨近捷運：中央公園站
地址：高雄市新興區文橫一路 5 巷 28 號
電話：（07）241-0321

來頂樓發呆、看電影吧！

「同・居」的主人原本就想開設背包客棧，又一直很著迷老房子，就這樣遇上了這棟半百屋齡的透天厝，抬頭望去那一面迷人的鐵花窗像是台灣老式透天厝的隱形門牌，標記著屬於自己的故事、最好的時光。

從捷運中央公園站 2 號出口往原宿玉竹商圈走，老房子就位於鬧中取靜的舊社區裡，ㄇ字型的雙併建築在圍籬之內，反而內縮成一座巷弄裡的小庭院，白色磚牆、紅色欄杆、綠色窗櫺、藍色大門，還有漆上紅黃藍三色的電錶，讓老屋不再蒼白素顏，處處展現繽紛色彩。一進門就是老屋經典的磨石子地板，庭院有難得一見的菱形地磚，「這棟老屋屋況很好」，主人回顧了首次造訪老屋的印象，也因此促使他們盡力保持老屋全貌。

在不破壞隔間的設計巧思之下，原本的廚房和餐廳保留上下拉動的手工玻璃窗及角落邊櫃，變為接待訪客的創意小櫃台，磨石子壁櫃連觸感都格外寫實，當年已有類似中島設計概念，更是十分難能可貴的建築典藏。背包舖房間分為男生房、女生房、男女 mix 房，另有一間 With U 雙人套房，床號使用床架廢棄的下腳料及六角馬賽克磚組成，可看出店主人從小細節也落實環保理念。

同・居一樓以工業風設計的早午餐小店舖，極為符合巷弄小日子情趣。紐約台客、法尼斯克、鄉村里斯本、雞肉莎莎皮塔全是主人家用心準備的早午餐，甜點愛好者也可品嚐杯子甜點、提拉米蘇、抹茶甘露奶酪等可口點心，配上濃郁的歐蕾或莊園單品紅茶，慢悠悠享受旅行的時光。

本東畫材咖啡

讓貓奴&文具控淪陷的小店

位於安靜的小巷弄之間，本東畫材咖啡是許多貓奴經常造訪的去處，從貓咪的明信片、馬克杯到喵福輕食咖啡，滿是喵小孩的足跡。其實這棟文創咖啡館是以老屋修復，紅磚建築立面配上紅色春聯，夾處在整排街屋之間，襯托出古樸的反差感，老屋保留了磨石子地板、樓梯，但卻採取玻璃屋頂挑高格局的現代室內設計，讓整個空間充滿了新舊並陳的設計美學。

點一份有貓腳印的喵福三明治，喝一杯有貓咪拉花的拿鐵咖啡，卡哇伊的組合令人胃口大開。可別小看這些簡單的輕食組合，喵福三明治是選用吳寶春土司烘烤而成，內餡用料有番茄蛋、玉米蛋等鹹口味，或奶酥、巧克力、蘋果肉桂等甜口味，熱騰騰地上桌時，真會讓人有兒童餐的可愛錯覺，一口咬下更是情不自禁地童心大發。除此之外，手工餅乾、手工果醬全是來自主婦聯盟的好食材，每天不同口味的霜淇淋則是向小農採購新鮮食材，包括芒果、香蕉、草莓、桑葚、火龍果、紅心芭樂牛奶、山番荔等，水果甜香濃郁不膩口，而且新鮮感十足。

這裡一樓是咖啡館、二樓是文具雜貨舖，販售許多在歐、

卡哇伊的喵咪拉花。

採用小農果物的霜淇淋。

本東畫材咖啡

臨近捷運：中央公園站
地址：高雄市新興區民有街 86 號
電話：（07）201-8566
時間：週五、日 10:00～19:00、週六～20:00

美、日第一線、有趣少見的文具與筆記本，不只有生活雜貨選物可尋寶，還特別規劃筆記本裝訂工坊，文具控可自由選擇自己喜歡的封面、封底和內頁、挑選適合的線圈，最後再交由工作人員製作。值得一提的是，插畫家李瑾倫設計的「本東埋杯」和「本東倒牛奶」馬克杯也是貓奴必買的收藏品喔！

7 6
8
9

1 2 3
4 5

1.2.3.4.5. 店內滿滿的畫材雜貨任君挑選。6. 改建後的老屋有新氣象。7.8.9. 店內也有販賣輕食。

撥撥橘

插畫家李瑾倫的迷你工作室

1. 迷你小店讓人容易錯過。2. 明信片專賣店。3. 店內有販售插畫家李瑾倫的繪本故事書。

撥撥橘

臨近捷運：中央公園站
地址：高雄市新興區民有街 71 號
電話：（07）282-8747
時間：週五、日 10:00 ～ 19:00、週六～ 20:00

請填空____到世界末日那天。

風和日麗音樂明信片。

撥撥橘是由插畫家李瑾倫在二〇一〇年創立的自有品牌，以自身的創作為基點，在紙品與日常文具的設計注入療癒筆觸，且兼具溫暖、幽默與實用的功能，並以公眾活動與創作力量來關懷照顧動物的議題。

從一間小小的工作室發展到本東畫材咖啡、本東倉庫等空間品牌，撥撥橘是所有故事出發的原點。撥撥橘並非一間獨立書店，但一走進去這間四坪大的迷你小空間，首先映入眼簾的就是滿室陳列的繪本，李瑾倫老師從事二十多年繪本創作的作品悉數在此，陪伴著許多大、小朋友成長的美好時光。

上百款明信片是這裡最具人氣的創作商品，有白底黑字的「世界末日」系列明信片，真的可以拿來沖泡的耳掛式咖啡明信片，風和日麗音樂明信片也是可以播放的CD，當然少不了毛孩子們的插畫明信片，選擇多樣繽紛的明信片，光是想像收信的驚喜，就會讓人迫不及待想趕快寄出明信片了。

然亭町居食屋

手藝師承日本的丼食專賣店

1.3. 巷弄裡的日式小店別有風情。
2. 日式丼飯系列最推薦咖哩飯。

然亭町居食屋

臨近捷運：中央公園站
地址：高雄市前金區仁義街 225 號
電話：（07）221-1561、0929-630-577
營業時間：11:00～21:00

從捷運中央公園站步行約十五分鐘的仁義街上，在不張揚的氛圍中，慢慢形成一條充滿生活品味的美食街，這裡的咖啡館、小餐館看上去不浮誇，和新堀江商圈潮店氣質截然不同，阿然的然亭町居食屋就坐落在兩間手沖咖啡館之間。

有愈來愈多像阿然這樣的七年級世代，開始追求職人精神，講究專才而非通才，然亭町居食屋就是專精在丼食麵飯的日本料理專賣店，阿然強調，然亭町相當重視「日本師承」的精神，因為他的手藝傳承自金澤的瀨川澤夫師傅。「日本師承」可貴之處，除了因為正宗日本師傅傳承的料理已少之又少，期間還要經歷艱苦、漫長的學徒階段，直至正式出師。

在阿然的料理裡，能夠感受一名料理職人精益求精的自我砥礪，超人氣招牌的咖哩使用洋蔥熬煮四小時，呈現的是愈濃愈道地的日式咖哩口味；日式鯖魚定食以中火慢烤，將鯖魚外皮烤得酥脆，相當考驗拿捏火候的功力；小品系列的柴魚冷豆腐、揚出豆腐沾上獨家的日式醬汁，口感獨特，難怪許多客人吃過都念念不忘。

方寸之間

簡約日式風格的單品咖啡館

3　1
4
　　2

1.4. 咖啡師簡年佑樂於分享手沖咖啡的學習心得。2.3. 處處充滿日式和風生活的逸趣。

在刻意低調的門面之下，方寸之間沒有任何橫出的招牌，僅僅掛著一塊門牌大小般的木片寫著「方寸之間」，整面落地窗在街屋之間，彷彿成為街上生活風景的倒映，木棧步道與兩側的常綠植栽構成前庭院落，戶外採取水泥原色設計，偌大的方寸之間僅有一株盆樹，兩顆石頭陪襯著，簡單描繪出「枯山水」的日式禪花園，對於深巷裡還能結合「枯山水」意境的表現手法，每每路過都令人好奇側目。

咖啡師簡年佑說，當初偏愛日式裝潢風格，大量運用仿清水模的設計風格，搭配木作吧台、長桌，讓整個空間呈現簡約清爽，由於只有咖啡師一人照應裡外，所以整間店也不需要座無虛席的人氣，甚至為了保持生活品質，方寸之間更是這裡少數週休二日的咖啡館。

在咖啡吧台上，虹吸式咖啡壺排成一整列，簡年佑為客人煮咖啡時，總是一派慢條斯理，偶爾聊起咖啡生豆的知識，有時聽著客人分享咖啡味道內涵。簡年佑從大學時代開始接觸單品咖啡，十多年的資歷不算淺，但在開咖啡館之後，他不斷自我要求，去

慢慢品味這裡的單品咖啡。

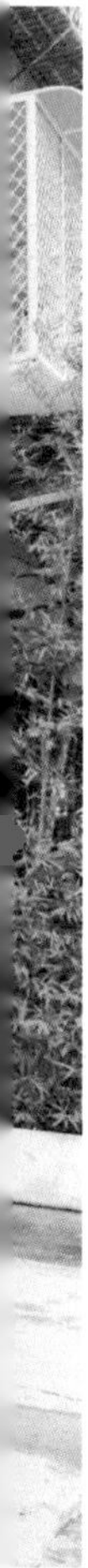

上課訓練口感、杯測等專業能力；他的想法是，若客人能在咖啡師引導、推薦下，從中領略喝單品咖啡的樂趣，是一件很愉快的事。

店裡主要供應世界頂級產區單品咖啡，精選非洲、中南美洲、亞洲莊園的咖啡豆，並以中焙處理。料理方面為日式早午餐，烤鯖魚、松阪豬肉、咖哩牛肉、花枝蝦排定食的擺盤精緻可口，從每個細節都能看到日本飲食文化的美學。

方寸之間

臨近捷運：中央公園站
地址：高雄市新興區文化路 18 號
電話：（07）215-9953
時間：09:00 ～ 20:00，週六、日店休

特別企劃 4 KAOHSIUNG

文具控、愛書人的小型獨立藝文空間

高雄有許多年輕藝術工作者利用閒置的老屋空間，創造各種小型藝文平台及複合空間，包含吃、住、看、買，他們都選擇在巷弄過生活，遠離熱鬧的商店街，不只插畫家工作室變成文具控最感興趣的地方，還有車庫改建雜貨鋪，書店、公寓地下室也都被規劃為展覽藝廊。

在知名插畫家李瑾倫的撥撥橘工作室裡，專賣許多明信片與繪本書；同樣在民有街上，撥撥橘斜對面的本東畫材咖啡的商品比美術社更豐富，歐、美、日流行前線有趣少見的文具與筆記本在這裡都找得到；插畫家馬良慧（Irma）所成立的小書卷文化商店，以大人物和小房子為主題而創作的設計源源不絕；另外新開幕的KIFT高雄禮物商店，是一間主打「角色藝術」和「推廣高雄文化」的設計商店，集結插畫家徐宇傑、黃色書刊、Macaca、53Art Work Studio、Maki、Miss Choco，推出首波限量龍虎塔明信片，充滿高雄在地的文化特色。

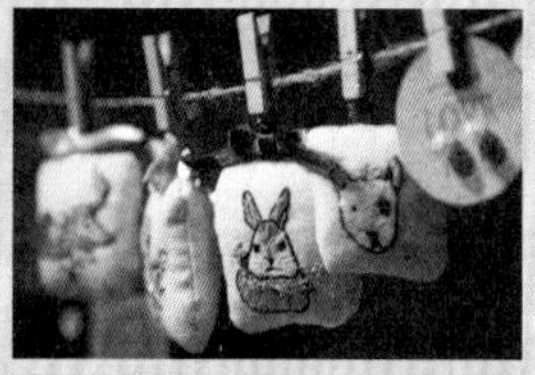

1.6. 插畫家與老屋攝影的明信片。2.3.4.5. 可愛逗趣的手作雜貨。

風和日麗音樂明信片。

幫記事本穿上皮衣吧！

▲ 撥撥橘工作室裡，販售繪本書與明信片。

關於老屋改建的故事，還有很多文創空間值得造訪，好比設計師 Ray，將自己老家五十年的透天厝改建成小島藝廊公寓，店內精選如「木梁作」的食器、One way fun 皮革設計等，令人眼睛為之一亮；百年老屋春陽綠舍輕食背包留給了 R 微光 232 文創品牌一處迷你的小空間。

火腿看書、七号閱覽室、小房子書舖、絹窩，在面臨紙本書市場的急速萎縮，以及在大型書店激烈的競爭之中，獨立書店在高雄還能占有一席之地算是奇蹟，書店經營策略就是兼賣少量的文具、文創商品，在書店特色方面，有設計藝文書籍、小誌獨立刊物、童書繪本等不同主題，有一種「巷弄裡的那間書店」的氣息，屬於小文青讀書會的概念。

選一塊手工皂，
好好體驗手感生活。

手工製作的溫暖早午餐

Lee & daughters 李氏商行

停駐在李氏商行門前的落地窗旁，看著窗台上映照出一張張洋溢幸福的臉龐，時而安靜，時而微笑，窗邊的另一道溫暖的風景，則是麵包籃裡剛出爐的自製手工土司，感覺生活正溫熱，彷彿一種偶然遇見小日子的樂趣油然而生，令人心生隨意的興致，找一處舒服的角落，來一道美食自得其樂一番。

英國的小店舖經常可見以姓氏和家族為店名或商號代表，Lee & daughters 就是傳遞老爸阿義師和四個女兒溫暖的家庭情感。其實李家姐妹們原是在網路開設李氏商行，專賣大地食材、精選酒莊美酒和綠色雜貨，當初她們利用生活餘暇打造小店計畫，於是有了第一家實體店舖，當時也是高雄第一家主攻早午餐的小餐館，供應原汁原味的英式 brunch，並強調使用義大利海鹽、有機蛋、日本 NIPPN 麵粉等食材，包括手工烘焙的弗卡夏、自製手工土司、英式瑪芬、紐約式比司吉等西點深受喜愛。

隨季節變化而有春夏、秋冬兩季的餐食內容，這裡的菜色與坊間早午餐大相逕庭，好比紐約式比司吉搭配法式火腿、煙燻鮭魚、肉桂蘋果、蕈菇芽菜等各式菜色盡情攻占食客味蕾；又或者兩顆水波蛋淋上荷蘭醬，附上自製鹽滷豆花，亮麗的視覺效果賣相十足。獨家招牌的野米沙拉以加拿大冰湖野米為主的沙拉，拌入 Senzo 初榨橄欖油、海苔、黑芝麻、蔓越莓乾、葵瓜子等營養滿分的五穀雜糧。其實英國人對日常飲食很不喜歡大費周章，

100%
全蔬果果菜汁。

Lee & daughters 李氏商行
臨近捷運：三多商圈站
地址：高雄市前鎮區二聖二路 133 號
電話：（07）333-3836
時間：08:00～15:00

只有鮭魚、沙丁魚、PORK BALL（肉球）這三道料理，沒有生菜、沒有麵包，整個盤式稱不上精緻，更不會有澎湃的份量，主廚打趣地說：「通常只要一上菜就能了解英國食物被形容無聊的原因了。」

相約悠閒的早午餐吧！

4 | 1 | 2 3

1.2.3. 早午餐隨季節的食材變化。
4. 外觀猶如家庭小館。

店內強調「真食物、真健康」。

2 3 1
4 5 6

1.2. 兼售食器、雜貨的小餐館。3.4.5.6. 西式 **Buffet** 熟食外帶，令饕客耳目一新。

另類西餐作法自助餐熟食外帶

Lee's Second Chapter

李氏商行創業邁入第六年之際，以往在英國的生活經驗及夢想，慢慢地又撩起李氏姐妹記憶深處的美好時光，「英國當地外帶熟食，是我們一直想做的飲食型態」，其實李氏商行最初就以外帶形式起家，如今在家人們凝聚共識後，有別於一號店的手工早午餐，二號店另類的西式自助餐成功引起當地餐飲圈話題。

每天一早八點，大姐李珮瑜就得開始準備食材，二妹李盈璉負責外場服務，空蕩蕩的中島依序擺上一道道料理，四季豆馬鈴薯、義式炸甜菜根燉飯球、原味南瓜拌香菇、綜合烤蔬菜搭橄欖油胡椒鹽、炙烤青花椰、蕈菇芝麻起司，在各種西式料理間竟有一道南瓜米粉，李珮瑜笑說：「炒米粉是由總舖師老爸親自出馬。」這種熟食外帶餐盒，結合西式Buffet與中式自助餐，已然成為時下上班族的新選擇。

李氏商行向來推動「玩料理」的飲食革命，每天採買不同食材加以料理，甚至與屏東萬巒小農配合，選用安全無毒、自然農法的食材，而在飲食習慣上也逐步導引消費者，翻轉以量取勝的謬誤，不應過度期待餐盒的菜色種類多元，而要講究「真食物」的核心價值。

在經營餐盒生意之餘，二號店特別闢出一處販售食材、食器的雜貨區，留歐的大妹及留日的小妹會不定期發掘值得推薦的好物；與其將此當作小餐館，不如看作是廚房教室分享平台。

二妹李盈璉在外場招呼客人。

Lee's Second Chapter

臨近捷運：三多商圈站
地址：高雄市前鎮區民權二路 486 號
電話：（07）338-1386
時間：10:30 ～ 17:00

2 3 4
1

1.2.3. 老英式空間設計，營造文藝復興時期的沙龍品味。4. 店址位在三多商圈最具人氣的潮店街。

猶如福爾摩斯貝克街的老英國場景一隅。

Montage 蒙太奇義法式鄉村廚房
臨近捷運：三多商圈站
地址：高雄市前鎮區林森三路 193 巷 25 號
電話：（07）338-4098
時間：11:00 ～ 23:00

感受老英式工業風的美食情調

Montage 蒙太奇義法式鄉村廚房

位於新光三越高雄三多店後方的巷道裡，短短一百五十公尺集結密密麻麻的餐飲雜貨特色小店，除了逛逛百貨公司之外，也可以看看這條號稱三多商圈最具人氣的潮店街。端看這間老式餐酒館風格餐廳，迎面襲來一陣歐洲街頭優雅的生活情趣，和街頭巷尾的時尚流行品味，既獨樹一格，又相映成趣。

從新堀江商圈起家的蒙太奇義法式鄉村廚房，當初由設計出身的店長阿堯一手規劃老屋改造空間，同樣延續巷弄裡的生活氣質，餐館以全新面貌進駐三多商圈，不同於時下潮流的老英式工業風空間設計，菱形地磚透露老公寓建築紋理的時光靈魂，每張桌子都是木工製作，搭配鐵鍛桌腳，牆上的仕女圖、叼著菸斗的老紳士油畫全是主人在國外購買的藝品收藏，還有雷明頓打字機、老皮箱、腳踏車等難得一見的古董，在一盞盞大吊燈的投射之下，顯露出雍容風雅的氣質，彷彿在蒙太奇的運鏡手法裡，透過長鏡頭的敘事風格，讓人不禁聯想文藝復興時期的生活情調。

這裡是以餐酒館為經營型態，料理以歐式鄉村菜為主，招牌的沙朗牛排燉飯，主角是五分熟牛肉，燉飯米心很入味，透著松露油香氣；豬腳燉鍋不同於坊間常見德國豬腳，而是讓豬腳膠質融入湯汁，可搭配麵包一起食用；地中海式燒烤，則是強調澎湃海鮮的在地特色，正適合配上雞尾酒，猶如享受地中海的慵懶美食情趣。

若要品嚐歐式鄉村菜，
最推薦沙朗牛排燉飯。

Vivace 維那奇咖啡

帶動早午餐風氣的先驅

Vivace 維那奇咖啡

臨近捷運：三多商圈站
地址：高雄市苓雅區興中一路 207 號
電話：（07）536-2829
時間：07:30 ～ 21:00

雖然不在熱鬧大街上，街角小店卻早已在高雄小有名氣，難以想像的是，維那奇的早餐時段竟呈現一位難求的超人氣盛況。過去以鄉村風著稱的維那奇咖啡，遷店後重新打造都會形象，然而熟悉的親切感一如往昔。

開店十二年，小芳店長從雙十年華的妙齡女子變成輕熟女媽媽，在當時傳統早餐還在二十元的年代，這裡的三明治就要價六十元，卻還是吸引了一批老顧客，營業時間從早上七點一直到晚上，可說是帶動早午餐風氣的先驅。

無論餐飲內容或用餐環境，總能發現許多關於店主人的喜好；廚房就是維那奇咖啡的靈魂所在，開放式的廚房設計，是因為店長小芳很喜歡做料理鏗鏗鏘鏘的聲響，而在旅行創造的回憶也能提供料理豐富的想像，例如新鮮香草茶就是店主人在屏東潮州旅行時，品嚐到的自然驚喜；來自阿里山奮起湖的台灣手採茶也是旅行的禮物；又或者那杯全食物果汁是為了家人手工打製的愛心。細細品味，會發現原來充滿溫度的味道都是擷取生活的經歷，才會如此觸動人心。

主廚對食材的要求一點也不馬虎，清炒蒜香義大利麵嚴選水耕蔬菜，煙燻鮭魚佐奶油乳酪沙拉，採用挪威鮭魚生魚片及前鎮漁港小卷、無毒蝦等澎湃海鮮，義大利麵品牌Barilla絕佳的口味教人回味無窮。咖哩也是採用新鮮蔬菜熬煮而成，口味清爽但咖哩香氣濃郁撲鼻，招牌三明治的厚切炸豬排與酥炸雞腿排，從選肉到成品都堅持手作溫度，內餡裡層層鋪排洋蔥、酸黃瓜、番茄，大口咬下，汁多肉嫩層次豐富，猶如生活的滋味。

1

4 5 | 2

6 | 3

1. 位在街角的人氣早午餐店，時常一位難求。2.3.4. 店內設計為都會風格。5.6. 開店逾十年的口碑，靠的就是精選食材。

1.2. 喝咖啡，看看書。3. 隨興的咖啡畫花。4.5. 用咖啡麻布袋布置的咖啡館。

插畫風的咖啡畫花。

氛圍靜謐的地下室咖啡館

Mi's MATE

步出捷運三多商圈站1號出口，位於高雄大遠百後方的巷道裡，Mi's MATE面對一排綠蔭交疊的行道樹，反而像是隱蔽的街頭風景，門面內縮的低調作風，若非門口的黑板腳架，路過的人實在難以發現如此靜謐的咖啡館小店。

Mi's MATE是高雄知名的Mi's Café謎思咖啡二店，同樣出自店主人張孟軒之手，Mi's Café的空間材料偏重檜木及Y chair等經典品牌，Mi's MATE則以柚木和復古老物件交織成簡約的空間氛圍，像是老家的地板改製成木作吧台，木桌和裁縫車也被活化再利用，不經意便能發現生活巧思。

這棟老屋有著傳統透天厝的長條形格局，往下延伸為地下室咖啡館，磚牆和麻布袋各自代表老屋及咖啡館的鮮明印象，一進門就是整面麻布袋布置的牆壁，保留一道迷你玻璃牆，鏤空的地板視線直通地下室，無論是吧台前等一個人的小憩時光，或者窩在地下室伴著盞盞桌燈的獨處空間，總能讓人享受恬適自在的悠然心情。

張孟軒對咖啡的執著，令Mi's Café老客人死心塌地，今年他更將自己的配方豆送「Coffee Review」咖啡評鑑，獲得綜合分數93分的高度肯定，在Mi's Café謎思咖啡主要提供單品咖啡為主，而在Mi's MATE則以義式咖啡為主力商品，對生活很講究的孟軒甚至在每週五晚上七點至十二點之間，僅供咖啡和甜點，有時還進行免費咖啡教學，類似咖啡之夜的概念，「只有這個時間可以做自己」孟軒笑著說。

店內展示評鑑獲得高分的配方豆。

Mi's MATE

臨近捷運：三多商圈站
地址：高雄市苓雅區新光路 24 巷 21 號
電話：（07）332-5366
時間：09:00 ～ 19:00

喜歡它的味道，可以
外帶耳掛包回家品嚐。

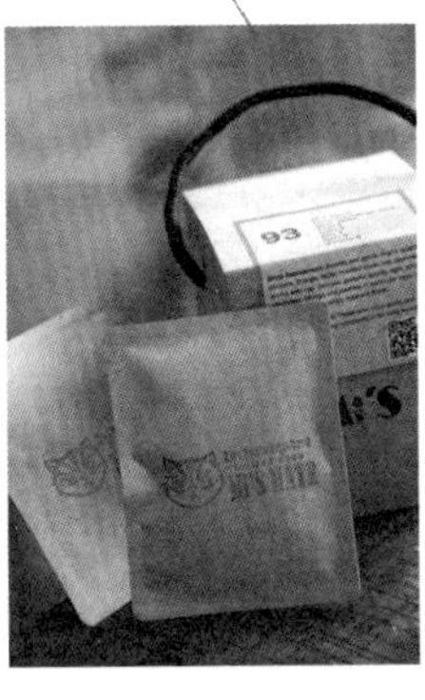

鄭江號

來透天厝老屋喝茶看書

3 4 5 1 6 2

1.2.3.4.6. 老屋和老家具共同譜出懷舊時光。5. 來這裡可以請店主為你沏一壺高山茶。

古樸的門面在透著斑駁痕跡的老舊壁磚上，掛起迎春炮竹，門楣張貼紅色春聯，騎樓下的盆景用空心磚整齊排列著，蔥鬱的綠色植物洋溢盎然生氣，長板凳、老鐵馬、偉士牌機車停放在門前，讓整排街屋看上去，多了一份恬靜的生活感。

走進這棟閩南式透天厝裡，磨石子地板透露出四十年屋齡的老屋靈魂，滿室老物勾起許多台灣早期的生活情懷。原來鄭老闆是一位老物愛好者，以往藏品都放在自己的私人倉庫裡，因為有了這棟老屋，索性拿來當作分享的基地，鄭老闆笑說，自從鄭江號開店之後，常常有人拿著一箱書、甚至一台裁縫車，希望來這裡找到知音人好好收藏。

五十年歷史的老式音響是多麼珍貴的古董，牆上時鐘停在某時某分，一張張小學生課桌椅、矮腳沙發椅就像台灣早期老電影播映的畫面，連廢棄的鐵花窗、木窗框全成為老屋一隅的生活風景，窗框上的黑白照是鄭老闆對家人的記憶，由此不難看出鄭老闆念舊的性格，而偏愛紙本書溫度的鄭老闆更大方分享三樓的書房，讓訪客可以享受安靜閱讀的美好片刻。

鄭江號是老闆夫妻「鄭」、「江」姓氏的組合，原本在台北美食街工作的他們為了調整緊湊的生活節奏，毅然轉念回高雄傳遞慢活的態度。鄭江號主要供應「茶」、「食」，茶飲主推冷泡茶、花草茶、養生茶、高山茶，食物則有中式雞湯、日式飯糰、創意饅頭夾心，由於鄭太太南投的老家果園種椪柑等多種水果，所以，有時在鄭江號也能買到老闆自家栽種的新鮮水果喔！

鄭江號

臨近捷運：三多商圈站

地址：高雄市前鎮區林森三路 52 號

電話：（07）338-0378

時間：18:00 ～ 24:00

（每週不定時營業 4 天）

老闆老家果園收成
的季節水果不定時
在這裡販售。

好福咖啡 Hove Coffee

道地英倫風的早午餐

點一客冰淇淋蘋果肉桂金寶享用。

好福咖啡 Hove Coffee
臨近捷運：三多商圈站
地址：高雄市前鎮區林森三路 8 號
電話：（07）338-8005
時間：11:00 ～ 18:00

這是兩位曾在咖啡館工作多年的女孩一起開的咖啡館，所以店門口寫上了「Su & Jo」大大的名字，兩人個性很互補，Jo 善於對外溝通，穩定度高；Su 負責內場環節，熱愛學習，讓兩人打理這間小咖啡館，恰好「裡應外合，協調自如」。

一進門，吧台上一罐罐 illy，飄來咖啡熟悉的味道。愛喝咖啡的兩人向來對品牌有所堅持，這裡

2 3 4 | 1

1.2. 個性鮮明的英倫風。3. Lavazza 綜合豆是咖啡控的最愛。4. Su & Jo 工作默契絕佳。

的義式咖啡使用 Lavazza 綜合豆，細細淺嚐一口透著阿拉比卡風味，溫潤口感果真是早午餐的絕佳組合，熱熱的那堤灑上台灣製的黑糖，喝得到結晶的糖香，讓濃郁的咖啡更添香醇的自然甜味，沁涼的蜂蜜冰美式同樣取材台灣自產的蜂蜜，甜而不膩讓黑咖啡果香原味更突出，這裡不賣弄花式技巧，口味選擇採取精簡而專注的態度，正因如此，Jo 笑說：「我們這裡的熟客回客率很高喔！」

這棟六十年屋齡的老房子改造後，予人在英國街頭轉角咖啡館的生活氣息，原來是因為 Jo 旅居英國十年，讓好福咖啡從空間設計到早午餐料理，全都注入濃濃的英倫風，深色吧台搭配木頭桌椅家具，裸出的紅磚牆及未修飾的天花板，BRIGHTON PIER 畫牆、牆角的英倫雜貨，讓整個空間充滿老英國的人文色彩。

好福咖啡的英式早點非常道地，原味豬肉腸、英式茄汁烘豆、乾煎蘑菇全都原汁原味上場，自製甜點的英式司康、冰淇淋蘋果肉桂金寶，來一份簡單的手作好滋味，陪你度過一段英式下午茶的美食時光。

這裡的手工英式司康也很美味。

1.2.3. 在「懂過居」喝好茶之餘，還能品嚐「替人著想」新推出的握壽司。4. 壹店的義式料理、貳店日式握壽司相鄰而設。

每週菜單創意源源不絕。

替人著想小餐館

為家人用心備餐的溫暖心意

店名取得很溫暖，語意直白，又不賣弄文采，正如同老闆說的「食物是我們用來傳遞情感的媒介」。這是由畢業於台南應用科技大學餐飲科的兩名七、八年級生：大飛、嶸瑜及家人們，一起創業打拚的小店，他們恰恰印證年輕世代「進廚房就不要怕熱」、滿懷熱情實現夢想的故事。

即便在遠離熱鬧市區的小港區，這家小餐館仍一位難求，吸引不少饕客慕名前來，而且小餐館位於高雄餐旅學校附近，被譽為隱藏版的校園美食，能和未來的主廚們交流，倒也是這裡有趣的話題。小餐館菜單每天都不同，每日一飯、一麵、一飲品或湯、一披薩，口味通通不一樣，他們會在臉書粉絲團公布一週菜單，對於喜歡新鮮感的老主顧來說，小餐館真的非常「替人著想」。

大飛從國中時便有開店的想法，但高中誤打誤撞念了工業製圖，大學考上運動休閒系，卻又因不是自身興趣而休學，在休學期間做過鋁門窗工作，直至大二轉系至餐飲科，他才找到心中的渴望，將熱忱完全投注於餐飲領域，也對生活保持積極樂觀的態度。

在開放式的廚房裡，不只煮菜供餐，而是夥伴們和樂融融的忙碌景象，大飛每天必定親自上市場採買食材，並在小餐館隔壁新開了替人「貳店」握壽司，義式與日式料理的搭配，讓客人在用餐上也多了很多選擇配上「懂過居」普洱茶，看似平凡卻很不平凡。

全家人一起打拚。

替人著想小餐館

臨近捷運：小港站

地址：高雄市小港區山明里鳳福路 31 號

電話：（07）801-1521

時間：11:30 ～ 14:00、17:00 ～ 21:00，週一店休，週日隔週店休

舊時光的物換星移

西橘線：西子灣站－美麗島站

為了吃到大溝頂的老店小吃，
趁著大清早逛市場；
為了捕捉西子灣最後一道夕陽，
趕著傍晚時分到港口海邊。
有時候，心血來潮就會想要這麼做，
畢竟有些事純粹得很美好、很難得，
哈瑪星、鹽埕埔、大溝頂，
在多少個世代交替的年代裡，
或許景物不再，人事已非，
然而那些舊時地名依然擁有無可取代的記憶。

❶ 樓梯腳
❷ 古錐家（你好紅豆湯）
❸ hMDC h Methods Deco'Corner CAFÉ
❹ 蹦米滂
❺ 丸浜霜淇淋
❻ 叁。食壹 CANTEEN
❼ 巧拙工坊
❽ 黑狗食堂
❾ 愛木．湊町
❿ 好市集 Le Bon Marche
⓫ 書店喫茶一二三亭
⓬ 2ins：H 好雙咖啡
⓭ 服裝店 tailor-made
⓮ 阿木司。Amuse
⓯ do good coffee&dessert
⓰ 16 號貓星球
⓱ 七二便利屋
⓲ 小洋樓手作
⓳ 夢想鞄製所 Dreamkaban Leather work
⓴ BOOKING
㉑ 小木屋廚房
㉒ 安多尼歐法式餐廳
㉓ 沙普羅糕點小舖
㉔ 新樂街 110
㉕ 印花樂（高雄鹽埕店）
㉖ 有豆袋店
㉗ 阿魯由日貨舖
㉘ 本東倉庫商店
㉙ 多多玩具店
㉚ nanoblock 南寶積木店
㉛ 元啡驢派
㉜ 叁捌。旅居
㉝ MARS 睦工場
㉞ 25TOGO Bright!
㉟ 織織人 67 號

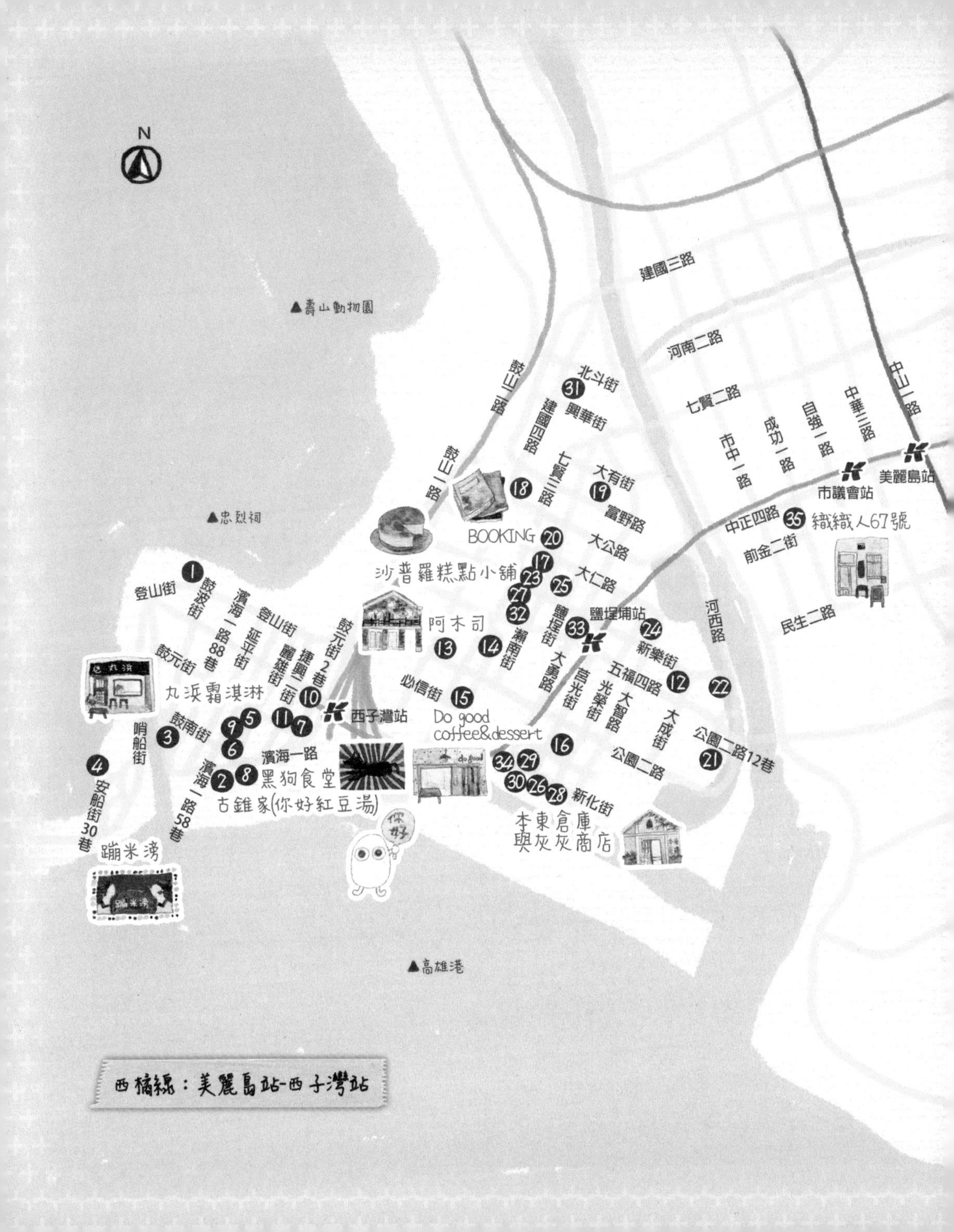

N
壽山動物園
忠烈祠
高雄港
建國三路
河南二路
七賢二路
北斗街
興華街
建國四路
鼓山二路
鼓山一路
七賢三路
大有街
富野路
大公路
大仁路
市中一路
成功一路
自強一路
中華三路
中山一路
美麗島站
市議會站
中正四路
前金二街
織織人67號
民生二路
河西路
鹽埕埔站
新樂街
五福四路
大成街
公園二路12巷
公園二路
新化街
大智路
光榮街
瀨南街
大勇路
鹽埕街
登山街
鼓波街
濱海一路88巷
延平街
麗雄街
捷興二街
鼓元街2巷
鼓元街
哨船街
鼓南街
安船街30巷
濱海一路58巷
濱海一路
必信街
西子灣站
BOOKING
沙普羅糕點小舖
阿木司
丸浜霜淇淋
Do good coffee&dessert
黑狗食堂
古錐家(你好紅豆湯)
李東倉庫與灰灰商店
蹦米湧
你好
1 2 3 4 5 6 7 8 9 10 11 12 13 14 15 16 17 18 19 20 21 22 23 24 25 26 27 28 29 30 31 32 33 34 35
西橘線：美麗島站-西子灣站

1
2 3 4
5

1.2.4.5. 陳博新將閒置的老屋改造出新的面貌。
3. 來這裡可以感受陳博新對料理的熱情。

平價義大利麵風味出色。

樓梯腳

專賣義大利麵的山腳老房子

沿著登山街的蜿蜒路徑，一棟漆著鮮黃色的老屋矗立在街頭，與老社區街屋對比之下，顯得醒目而亮眼。樓梯腳這名字取得極有意思，這棟老屋正好位在登山街後方的山腳下，拾級而上曾是一處小型眷村的生活圈，而這裡也是老闆陳博新成長的兒時記憶。

進入樓梯腳仔細數了數，門前共有七個階梯，階梯上寫著「猫肥家潤」還有「猫腳印」，門前張貼紅色對聯，若不是鮮黃色牆面太過張揚，否則老屋的古樸氣質仍一如往昔不易發現。這棟老屋的屋齡已逾一甲子歲月，原本是住家，後當作倉庫，之後又閒置十多年，直到陳博新退伍返家，決定利用老家開店，這才啟動老屋的修復任務，一舉活化陳舊的空間。

以保留老屋建材為原則之下，老屋的檜木樑柱裸露而出，維持早期半樓仔厝的格局，踩著木階拾級而上，咯咯作響宛如台灣老電影音效。滿室的老家具、老玩意滿載數不盡的生活回憶，電視機、留聲機都成為被收藏的古董，貼在牆上的黑膠唱片、壁櫃裡的大同寶寶，勾起許多懷舊的生活情景。

七年級的陳博新先前累積了餐飲背景，專賣義大利麵頗受好評，這裡除了是許多年輕人推薦的巷弄小店，同時也十分受到中山大學學生的喜愛，堪稱隱藏版的校園美食，義大利麵以口味選擇多元為特色，招牌蒜辣、番茄紅醬、羅勒青醬、香濃白醬、獨家酸辣、韓味泡菜，每種醬味基底全是陳博新反覆調和的祕方，並且每天親自上市場採買食材；在他身上，真能看見年輕廚師喜愛料理的熱情態度。

店招隱藏在角落也是種驚喜。

樓梯腳

臨近捷運：西子灣站
地址：高雄市鼓山區登山街 34-1 號
電話：0989-200-057
時間：週一至週五 17:00 ～ 23:00
週六、日 11:00 ～ 14:00；17:00 ～ 23:00
週二店休

古錐家（你好紅豆湯）

你好幸福的生活日常

古錐家（你好紅豆湯）
臨近捷運：西子灣站
地址：高雄市鼓山區濱海一路 58 號
電話：（07）533-6558
時間：12:00～21:00，週一店休

你好幸福抱枕，
抱起來好幸福！

早在三年前蔡孟潔開餐車在高雄文化中心擺攤賣紅豆湯，那時「你好！紅豆湯」已引領一股排隊風潮。現在那台白色 Mini Austin 就停放在古錐家門前，告訴進門的客人：「我們就是從這台小車起家的喲！」

距離鼓山輪渡站約一百公尺處，古錐家的小店經常吸引許多遊客的好奇目光，可愛的店名加上很萌的 Mini Austin，原來這些都出自學設計的蔡孟潔之手。這裡小玩意的特色就是很古錐，好比御守、元氣紅包、小印章、木湯匙，綴滿日常的小幸福，以及為了聖誕節、春節過年應景推出的「限定幸福」禮盒。

另外還有幸福餅乾，以嚴選的台灣黑糖取代砂糖，讓餅乾充滿黑糖香味以及陣陣奶香，融化在口中讓人有幸福感覺。蔡孟潔將幸福餅乾創造出許多驚奇的組合，例如「你好幸福」木製禮盒的外包巾，可以變成可愛的你好圍裙，圈叉餅乾則是把手工餅乾變成小遊戲，還有限定製作的字母餅乾，令人回想起小時候柑仔店零嘴。甚至因為「你好幸福」這四個字，大幸福抱枕也變成十分受歡迎的婚禮捧花。

最不容錯過的是，曾入選高雄十大冰品網路票選的宇治金時，滿滿一碗，派頭十足，佐料來自屏東萬丹紅豆、手工湯圓、手工抹茶冰淇淋、手作餅乾等，還有牛奶糖冰淇淋紅豆剉冰、玄鐵烏龍冰淇淋紅豆剉冰。炎炎夏日在高雄，品嚐一碗剉冰，實在超級消暑！

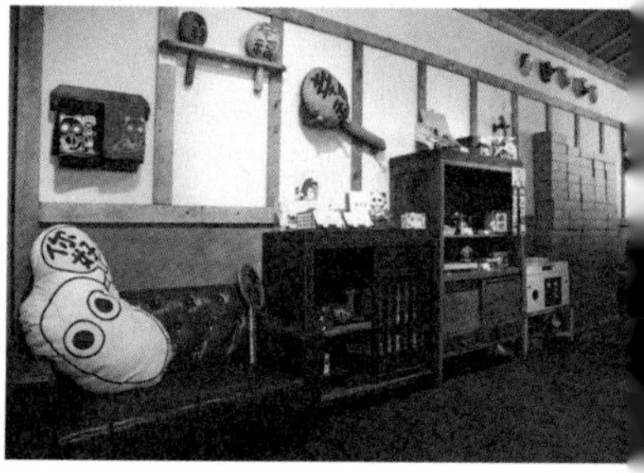

5 6 | 1 2
7 | 3
8 | 4

1.2. 招牌的宇治金時、紅豆湯。
3.4.5.6.7.8. 品嚐甜食，也可逛逛文創小舖。

hMDC h Methods Deco' Corner CAFÉ

藏在巷弄的老屋天井新設計

Jason 的手沖咖啡吸引許多設計師前來光顧。

1
2 3 4 5

1. 咖啡館的天井設計讓室內別有洞天。2. 迷你燈箱是極具特色的店招。3.4.5. 淺田商店的鞋櫃及老件。

咖啡館位在鼓山輪渡站斜對面的巷道裡，只是進入巷道時要發現它並不容易，由於它的門牌號碼介於13與17之間，還有一條巷中有巷的小門牌藏在其間，牆壁上低調的燈箱寫著數字19，CAFÉ、TEA、SHOES短短一行字排列在店名下方，不禁對這家店開啟無限想像；或許這就是所謂的藏寶圖吧！

一進門映入眼簾的是咖啡館主人Jason在吧台忙碌的身影，單品豆的手沖咖啡香繚繞滿室溫潤的氣息，假如不喝咖啡，那就來一壺TWININGS英國唐寧茶。小小的迷你咖啡館還有一處鞋櫃商品，Jason為這區塊取名叫做「淺田商店」，頗有店中店概念，除了有西班牙的國民鞋LOBO等流行品牌，也有古董風扇、老銅燈等古董風格的手創品。

咖啡館採預約制，超級迷你的空間裡僅能擺放一張長桌，再不然客人就是要窩在吧台座位區，Jason表示，其實以前只是把這裡當作朋友的聚會之所，沒想到後來許多設計工作者也經常光顧。

這棟躋身巷弄的五十年老屋，由於周圍被住宅大樓包圍，原本室內一片晦暗，經Jason設計改造，在建築裡用一道天井突破沉悶的空間感，讓光線傾洩而下，室內頓時明亮起來，從屋頂垂吊而降的吊燈，微暈的燈色照映在咖啡桌上，Jason笑說，這裡常常是喜歡一個人喝咖啡的祕密基地。

hMDC h Methods Deco' Corner CAFÉ
臨近捷運：西子灣站
地址：高雄市鼓山區濱海一路88巷19號
電話：0982-172-393
時間：14:00～21:30

蹦米滂

哨船頭百年老屋那卡西夜總會

牛肝菌燉飯，主廚特別推薦的蔬食料理。

霓虹燈散發復古的生活氛圍。

蹦米滂

臨近捷運：西子灣站
地址：高雄市鼓山區安海街 32 巷 39 號
電話：0912-046-397
時間：週五 17:00～22:00，週六、日 12:00～22:00

在台灣第一里「哨船頭里」，有全台最早的土地公廟「台灣打狗哨船頭開臺福德宮」，從開臺福德宮沿山坡小路階梯而上，蹦米滂就位在依山勢而建的老屋群之中。這棟建於清末年間的百年老屋，在六名年輕人的創意改造之下，有了嶄新的模樣。

門口的霓虹燈很容易令人以為是特種行業，而望之卻步，入夜後的霓虹燈閃閃爍爍的，像極了六、七〇年代的那卡西夜總會，這一群熱衷藝文的同好笑說：「因為喜歡這間老房子，我們才會一起聚在這裡，所以對每個人而言，都是意外」。當初老屋一片荒煙蔓草，為了整理戶外廣場，夥伴們扛起磚頭一步步踩著邊坡階梯走上來，煞費苦心和苦力。在老屋隔間保存完好之下，檜木橫樑、花磚地板透露出老建材的靈魂，房間裡放置老沙發、小學生課桌椅，處處流露懷舊場景。

環顧四周，有人在花圃整理花草植栽，或在廚房裡準備料理。這裡可以是蔬食食堂、小劇場、工作坊、活動場地，甚至也有音樂演出、展覽，簡而言之就是任何事情都可能發生的場地，假日不定期舉辦主題市集，例如垃圾山、二手書、黑膠等，蹦米滂卡拉OK的瓊瑤之夜自由打賞，獨立創作歌手、地下樂團巡迴開唱，每週五「滑吶偽秀癮城」邀大家看電影，還有畫畫、刺繡等各種類型的手作課程。

蔬食食堂關注的是動物權利，例如使用自然蛋；手寫菜單瀟灑寫著牛肝菌燉飯、瑪格麗特PIZZA、蹦蹦燒，隨興而為的料理卻不隨便，配上港都的打狗啤酒、美濃柴燒仙草茶，禁不住哼哼唱起那晚風吹來清涼！

2 3 4 | 1

1. 外觀簡樸的蔬食食堂。
2.3.4. 清朝百年老屋變身複合式的餐飲空間。

丸浜霜淇淋

百變的散步甜食

2 3 4 | 1

1. 老城區街上的日式小店。2.3.4. 店家每天推出一種霜淇淋口味讓客人嚐鮮。

白玉抹茶配紅豆牛奶，份量澎湃。

丸浜霜淇淋
臨近捷運：西子灣站
地址：高雄市鼓山區麗雄街 27-1 號
電話：0916-203-223
時間：12:30 ～ 21:30

在哈瑪星老街區中出現一家排隊名店——丸浜霜淇淋，店門前的長板凳總有三三兩兩的年輕人坐著吃冰，木作開放式的窗台以及藍色布簾，宛如日本街頭小店般的氣質。在台灣吹起日本散步甜食風潮之初，小店就落腳在哈瑪星一帶，生活氛圍恰恰適合散步甜食。

七年級的薛仲恩和薛宇恩兩兄弟，是丸浜霜淇淋的幕後推手，以年輕人的心理優勢掌握年輕人的喜好，這裡每天只推出一種口味，抓準現代人追求新鮮感的消費特質，「丸浜霜淇淋第一次開賣的是芒果口味」，仲恩記憶猶新地說道。

相較口感濃重的巧克力或香濃焦糖，水果口味的霜淇淋更適合南台灣炎熱的氣候，尤其是台灣素有水果王國美名，荔枝、草莓、葡萄、哈密瓜、百香果、檸檬、西瓜等季節性水果變化多。像是「葡萄蜂蜜牛奶」可以在酸與甜之間，再帶點青澀，宛如少女情竇初開；「哈密瓜可爾必思」散發清香的瓜甜，清爽消暑；「百香果古堡紅酒」組合兩種鮮麗色彩，光是賣相就足以誘人了；「愛文芒果威士忌」創意的微醺滋味，讓人吃芒果吃得醺醺然。宇恩說，丸浜霜淇淋使用純牛奶及水果為基底，不加入鮮奶油，綿密口感卻很潤口。

除了講究新鮮的水果，當然也少不了應景的日式抹茶。白玉、抹茶配上紅豆牛奶，化在口中滿是和風味，台版招牌必推烏龍珍奶、提拉米蘇，品嚐揚名國際的台灣小吃化身霜淇淋的滋味，還可以期待節日特別版，好比能品嚐到金莎巧克力的濃情蜜意！

仲恩和宇恩兩兄弟創意點子多。

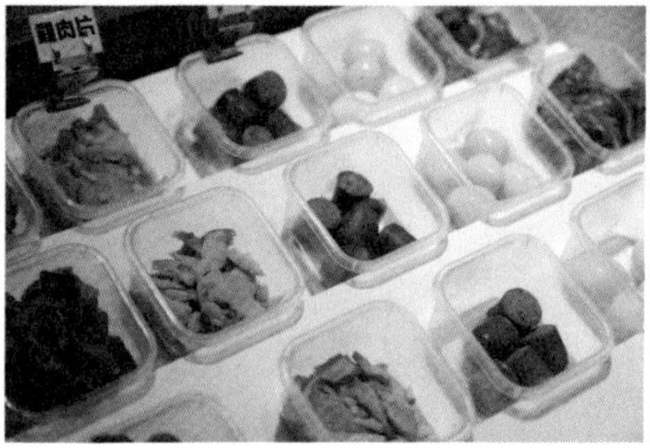

叁。食壹 CANTEEN

百年老屋新造文創美食

玻璃罐裝的
手作茶飲，
增添趣味。

叁。食壹 CANTEEN

臨近捷運：西子灣站
地址：高雄市鼓山區麗雄街 13 號
電話：（07）531-5431
時間：11:00 ～ 23:00

建於民國七年的哈瑪星街屋，已是歷經一世紀光景的百年建築，閒置多年的空間在室內設計師Allen進駐之後，活化的老屋靈魂有了截然不同的生活故事。這棟老屋前身是診所，當時是哈瑪星第一棟由日本人興建的洋樓，古樸的建築外觀在刻意保持歲月痕跡之下，反而形成一種低調卻醒目的氣質。

整個改造過程，首要以保留木造結構，並依照榫接工法施作。此外，因室內沒有隔間，一進門映入眼簾就是開闊的磨石子地板，屋樑檜木建材仍可見到最原始的出廠批號；日治時期的木材行進貨時，會在每批木材上標示商品印記，這算是當年供貨廠商的背書保證。Allen在屋樑加裝鋼樑補強，並漆上橘、藍、綠等亮麗的色彩，空間線條被修飾得繽紛多彩，鮮明突出的桌椅更擁有萬花筒般的設計感，讓空間不只侷限於懷舊年代，並且注入設計師的流行品味。

中西合併的構想同樣表現在料理上，店裡別出心裁推出了自助BAR，主廚嚴選時令節氣所種植的食材，佐以橄欖油、芝麻油及多種義式香料簡單提味，以中藥湯頭汆煮冷拌，保留最原始的風味，跳脫過度裝飾；一眼望去自助BAR提供多達三十樣菜色，深受美食饕客喜愛。Allen不但玩設計，也將之玩到料理、飲品裡，例如輕食類的「邪惡壞壞土司」、「科學麵離不開起司」，這些有趣的名字使人躍躍欲試，或者試試玫瑰鹽奶霜紅茶，鹹鹹的奶泡初嚐新奇的滋味。若對食器有興趣，老屋廚房也販售日本食器，不妨可以逛逛老屋裡的雜貨舖喔！

3 4 5 6 | 1 2 7

1.3.6.7. 室內設計師**Allen**將老屋改造成活潑的用餐環境。2.4.5. 輕食自助**BAR**讓客人自由搭配餐點。

巧拙工坊

金屬線藝術家的迷你工作室

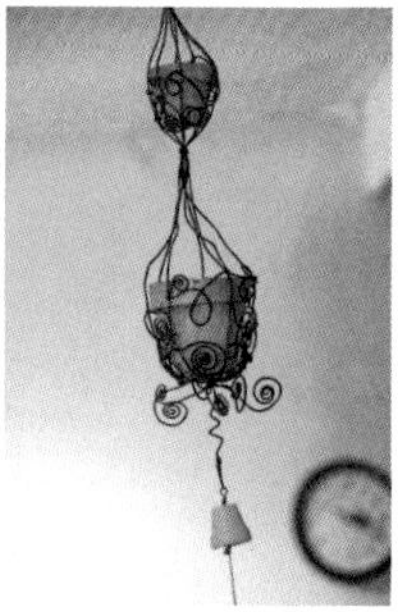

巧拙工坊
臨近捷運：西子灣站
地址：高雄市鼓山區鼓元街 4 號
電話：0924-007-471
時間：10:00 ～ 18:00

在木頭上纏繞鋁線、裝上鎢絲燈泡，彎彎的月牙形散發光芒，猶如月光點亮角落。藝術創作者羅玥方老師喜歡撿拾木材和石頭，應用她擅長的金屬線飾品創作，結合異材質充滿無限可能。由於木頭質地不同，石頭形狀有別，金屬線也得手工捲繞，使得每件作品都是獨一無二的手作品。

十二生肖系列是羅玥方老師的代表作，二〇一六年生肖為猴年，高雄柴山的彌猴正是應景的在地元素，羅玥方老師作品以生肖系列中的「龍」最常被外國人收藏，例如生肖寶盒、名片座等辦公室小物，還能當作生活無所不在的藝術裝置。

巧拙工坊進駐打狗港都文化藝術倉庫，主要是一間提供金屬線飾品製作教學、交流二手小物、DIY 創意咖啡吧的迷你老屋工作室。羅玥方老師除了是第一屆高雄市街頭藝人，她也熱愛手沖咖啡，這裡的手沖咖啡能讓客人自己磨豆，一邊啜飲咖啡，一邊聊聊藝術生活。

受人喜愛的生肖主題。

1 2
3

1.2. 異材質搭配金屬線，迸出創意火花。3. 巧拙工坊就隱身在打狗港都文化藝術倉庫。

黑狗食堂

倉庫裡的深夜食堂

不能錯過的南洋料理。

黑狗食堂位在高雄碼頭裝卸員工候工室的老倉庫，比起時下水泥牆、水管燈、鐵件家具等刻意仿舊的工業風，倉庫改建的食堂才是正港工業風，倉庫大門留有「碼」的字樣，裸露的紅磚牆、斑駁的水泥地板及模板天花板，整個空間充滿歲月的魅力。

熱愛復古老玩意的老闆鬍鬚，最初就曾以早期農村鐵牛車改裝成關東煮餐車，如今食堂更變成他的私人收藏倉庫，五顏六色的木窗框拼成的玩具牆，古董收音機、大同寶寶、鐵道告示牌種類繁多，這裡還停放了老闆最愛的偉士牌古董機車。

鬍鬚在新加坡航運任職多年，燒得一手南洋好菜，屬於新加坡基本美食的海南雞飯，用香噴噴的雞油拌飯好不誘人，新加坡炒粿條也是茶餐廳料理之一，鬍鬚透露美味撇步就是附上一顆金桔增添酸香調味，還有Kaya土司抹上椰漿、砂糖和蛋的傳統點心，配上一杯新加坡人俗稱甘蔗水的甘蔗檸檬，在這裡吃南洋的輕食料理別有一番懷舊味道。

1

2

1. 這裡原是高雄碼頭裝卸員工候工室的老倉庫。
2. 店內有許多老闆鬍鬚的老件收藏。

黑狗食堂

臨近捷運：西子灣站
地址：高雄市鼓山區濱海一路 23 號
電話：（07）531-6531
時間：17:00～24:00（供餐到 23:00）
週一店休

愛木・湊町

哈瑪星洋房老屋活化

磚造與木造隔間印證時間的消長。

在都市計畫不斷翻新城市面貌的過程裡，老城區留存至今的老房子為數不多，更顯得它們極其珍貴的歷史價值，相較於大興土木的開發和建設，哈瑪星當地居民群策群力維護老屋，「湊町客廳」就是近期哈瑪星老屋活化的首例成功個案。

湊町客廳是由高雄大學創意設計與建築學系副教授陳啟仁負責規劃改造，在建築立面刻意保持原貌，其目的是為了延續街坊鄰居的生活記憶，關於「湊町」這名字的由來，也是取自日治時期哈瑪星核心社區的名稱。

老屋活化後的空間分別由湊町小客廳、御典茶、愛木記憶工坊、玉騰建築師事務所進駐，其中湊町一樓的空間由玉騰建築師事務所、愛木記憶工坊共用，合稱「愛木・湊町」。愛木記憶工坊門口前方的木架，擺放了鑰匙圈和杯墊，像是整條小街道的指引地標，但不同於一般文創商店，她們是獲得教育部「U-START大專畢業生創業服務計畫」補助的青年團隊。為了保存老屋木材的歷史記憶，在新製的文創商品上都會附產品履歷，記錄木材來源和種類，像是高雄橋頭糖廠的檜木天花板搖

仕女圖磚如今已難得一見。

2 | 1
3

1. 這裡原為凝聚家族情感的神明廳。2.3. 湊町老屋生活記憶導覽。

身一變成為名片夾；左營眷村的樑柱搭配窗花圖樣，則變成復古味的杯墊。

除了老屋改造導覽之外，愛木・湊町也有專為念舊的人舉辦體驗活動。在那些書寫真情的年代裡，拿著木製拆信刀揭開遠方捎來的思念，也能將老一輩的人使用蜂蠟護木的生活智慧留存，學會在自家就可以保護生活中的木製品，還有彩繪溜溜球、記憶鑰匙圈、木刻杯墊等生活小物創作，來到湊町小客廳作客，不妨相約一場品茶記趣，在悠悠的午後傾聽茶達人的生活茶道。

愛木 ・ 湊町

臨近捷運：西子灣站

地址：高雄市鼓山區鼓南街 32 巷 10 號

時間：12:00 ～ 18:00，週二店休

湊町 - 御典茶貳館

時間：平日 15:30 ～ 21:00，假日 12:00 ～ 20:00

好市集 Le Bon Marche

剛柔並濟的老建築工業風

好市集 Le Bon Marche
臨近捷運：西子灣站
地址：高雄市鼓山區鼓山一路 19 號之 1（為單行道）
電話：（07）532-6899
時間：平日午餐 11:00 ～ 16:00、晚餐 18:00 ～ 22:00，例假日早午餐 09:00 ～ 16:00、晚餐 18:00 ～ 22:00，週二店休

在哈瑪星的老屋聚落裡，好市集 Le Bon Marche 所在的這棟建築顯得格外出色，相較其他形式鮮明的日式建築，這棟洋樓流露出相當雅致的異國情調，其實這棟老屋的前身是日治時期的合美運輸組，專門處理海陸貨運，戰後曾短暫成為提供住宿的販仔間；電影《想飛》也曾在此拍攝。

隨著當年眷村光陰的故事流轉之後，老屋褪去了沉重的鄉愁，取而代之的是時下工業風的設計感。推開厚重的鋼構大門，首先看到雜貨小舖，長桌上擺放各種精選商品，自家手工果醬、義大利奧利塔 DOP 橄欖油、摩迪娜經典十年期巴薩米克陳年醋、義大利手工炭烤小洋蔥等，小小市集果真是個「好市集」。

目前進駐老屋的老闆黃穎，將此規劃為涵蓋地方料理、手作食品、食器、市集商品等複合空間，黃穎本身擅長法式料理，好市集的手作料理主要呈現的是歐式鄉村烹調，尤其黃穎自己偏愛海鮮，有時會在清晨前往前鎮魚市場挑選魚貨，所以店裡經常推出無固定菜單的大海鮮味，並結合高雄在地食材；黃穎堅持從產地到餐桌盡量減少食物里程，因此好市集也是高雄市綠色友善餐廳之一。

1
2 3

1. 這裡有精選食材的雜貨小舖。2.3. 不妨嚐嚐他們的歐式料理。

書店喫茶一二三亭

擁有藝妓故事的老建築

1 2
3

1.2. 在這裡有咖啡香，更有書香。3.「一二三亭」是日治時期頗負盛名的料亭。

書店喫茶一二三亭

臨近捷運：西子灣站
地址：高雄市鼓山區鼓元街 4 號 2 樓
電話：（07）531-0330
時間：10:00 ～ 18:00

書店喫茶一二三亭的建築很迷人，但背後的故事更動人，這棟老屋建於大正九年，日治時期是日人經營的著名料亭，當地耆老透露當時聘有藝妓演出，並曾將知名藝妓刊登於出版刊物；而在日治末期至光復初期轉型為旅館，後由南部運通船務公司接手經營。橫跨近百年時空，經歷戰前的繁華，躲過美軍的轟炸，從二十世紀初的高級料亭，到今日的喫茶店，「一二三亭」的名字沿用至今，不只成為記憶的連結，更是看盡高雄從繁華起落的日治時代至戰後建築混搭的真實寫照。

迴廊裡的植物攀附在欄杆上，新綠疊蔭為老屋添上色彩，隨著四季變化，白色、粉紅色的花朵綻放點綴，令人恣意流連如此詩情畫意的老屋風景裡。一二三亭輾轉成了現在複合式的藝文空間，有咖啡香、書卷香，以及各種講座登場。吧台裡的手沖咖啡香氣四溢，來一壺冷泡金萱紅茶配上紅豆糯米，溫習一場悠閒下午茶。

愛書人在此相遇知音。

特別企劃 KAOHSIUNG

哈瑪星老屋顏記憶

「哈瑪星不是一顆星球，上面更沒有小王子」，在高雄人的開場介紹裡，總是令人莞爾一笑。事實上，哈瑪星是指高雄市鼓山區南端，大致介於高雄港站鐵道、柴山腳下、哨船頭所包圍起來的區域。因為是日本人填海造陸的一塊新生地，在明治維新之後，日本的知識份子就把最新的市街規劃概念、現代化的公共設施引入哈瑪星，所以高雄第一間現代化郵局、市場、警察署、市役所、自來水淨水池等都在哈瑪星找得到。

▲打狗鐵道故事館前身是高雄驛。

逛遊哈瑪星之前，先走讀一場歷史導覽。

相比台灣各地的老街文化，哈瑪星的街廓不刻意營造相仿的老街氛圍，反而更顯得生活化，有些街廓是特色街，可追溯珍貴的歷史背景，好比高雄港車站斜對面的新濱老街（舊稱新濱町一丁目），是日本時代車站前廣場旁的第一街，當時是重要的路口意象，旅社、報關行、商號、料亭群聚在此，書店喫茶（原一二三亭）、好市集 Le Bon Marche（原合美運輸組）、打狗文史再興會社（原佐佐木商店高雄支店）仍保持舊建築時代的歷史記憶。

臨海一路昔日有「高雄華爾街」之稱，金融機構林立，「山形屋」地處打狗驛前方的大通街角，原是日治時期哈瑪星著名的書店。此外還有登山街，它是以前尚未填海造陸前海岸線的所在位置，而高雄振武館則是台灣現存最老的州廳級武德殿。再看鼓波街的地標——哈瑪星代天宮，前身就是日治時期高雄第一個市府所在地。腳步移往鼓山輪渡站的濱海一路上，早期多為漁業公司及相關的產業機構，包括製冰廠、倉庫、報關行等，同時也是魚市場；此地見證高雄漁業發展的歷史榮景，當年的洋樓和倉庫，如今在一批批老屋活化改造計畫下，也各自成為新文創空間。

▲ 高雄武德殿是日式磚造建築，內部共分成兩區，東邊是學習劍道區，以及西邊的學習柔道區。

1 2 3

1. 高雄武德殿每年舉辦武德祭。2. 山形屋是哈瑪星當年相當著名的書店地標。3. 全台唯一僅存的低式月台。

2ins:H 好雙咖啡

鹽埕愛河畔的巴洛克甜點屋

2ins：H 好雙咖啡
臨近捷運：鹽埕埔站
地址：高雄市鹽埕區大成街 73 號
電話：（07）521-6476
時間：12:00～20:00

5 6 7 | 1 2 3 4

1. 帶有巴洛克風格的老屋。2.3.4. 店家精心研發的手作甜點。5. 小店營運靠著 **LaLa**、**Emma**、**Wendy**、**Ethan** 一起分工合作。6.7. 咖啡館各個角落充滿藝術氣息。

好雙咖啡的起源地就在鹽埕愛河畔，從改裝的百年木造老屋初試啼聲，而今再以巴洛克式老建築重返舊地，似與鹽埕愛河結下不解之緣。在門前一棵茂盛老樹的掩映下，好雙咖啡座落的老建築若隱若現，這棟獨棟老屋前身是卡拉OK，原本的隔間打通之後，整個空間顯得挑高通透，且有多達二十二扇窗戶，尤其從室內望向戶外的半圓拱窗，引入滿窗綠意光影，連豔陽高照的午後都有清風徐徐吹來，著實讓一甲子的屋齡細膩展現出巴洛克建築的生活美學。

LaLa、Emma、Wendy、Ethan四個兄弟姊妹合力完成改造老屋的任務，他們各自擁有園藝、彩妝、烘焙、食品設計等專長。首先保留巴洛克老屋的華麗外型，紅磚外牆配上白色拱門，別具殖民時期的建築風采，室內空間則以黑、灰、白為主色調，搭配木質地板，簡約配色營造出溫暖舒適的氛圍。

女孩們的手作甜點是店裡的人氣招牌，雙色地瓜伯爵、糖漬柳橙朱古力、泥巴派、布朗尼佐香草冰淇淋、抹茶起司佐香蕉、蛋白霜黃檸檬、莓果巧克力、紅豆輕乳酪、貝里斯奶酒凍等，每款蛋糕都擁有藝術品般的彩妝造型。LaLa說，做蛋糕是興趣，從自學到熟能生巧，體會到樂此不疲的滋味與成就感，她們每天上午走訪市場選購食材，經常三更半夜還在研究烘焙技法，最瘋狂的一次，是在一個晚上做出八款蛋糕。

選一個窗景，慢悠悠地喝一杯咖啡，不妨來嚐嚐特別的口味，烤杏仁咖啡拿鐵、黑糖卡布特別火烤加重炭香味，地瓜拿鐵選用紅肉地瓜蒸熟再加入蜂蜜煮成，綿密的濃香完全來自於地瓜的自然甜味，熱熱地喝，味道愈是香醇。

享受從半圓拱窗吹來的微風。

服裝店 tailor-made

買二手衣是為了走更長遠的路

2 1 3

1.2. 琬齊用心推廣重製二手衣的環保理念。
3. 門口懷舊的擺設拼貼出新潮感。

懷舊的音樂卡帶。

這家店有一個很老派又很直白的名字——服裝店，乍聽之下以為是市場裡的門市，加上座落在鹽埕的老城區裡，更容易讓人聯想到賣服裝的老店，但其實不然。服裝店老闆琬齊是一位八〇後的女孩，服裝設計科出身的她擁有模特兒般的高挑身材，讓她對人體與服裝剪裁間的力度掌握遊刃有餘。

琬齊從事服裝設計，並非熱衷潮流時尚，反而是為了環保理念，最初的訴求即是「Buy Smart Buy Less」，她長期關注仍未正視化學物質污染問題的服裝品牌，期望他們盡快加入去毒運動，生產乾淨服裝。目前服裝店的重心主要是二手衣領域，有別於時下紡織業競相投入的機能性布料，而把焦點放在時下環保新興品牌引領的重製再造、循環使用。琬齊說，現代人的衣服汰舊換新速度很快，有些衣服都還很新就丟棄，這裡不鼓吹「因為二手衣便宜而買」的消費態度，而是讓大家抱著珍惜的心去選購。

二手衣在琬齊的巧手裁縫改造之下，讓每件服飾成了「僅此一件」的限量單品，而且還有每個月的綠色活動，讓分色控可以在自己喜歡的顏色做活動的當週來選購二手衣。琬齊平時總是穿著有機棉麻的服飾，而且對環境保護、永續地球身體力行，無論改造二手衣或設計有機棉麻服裝，對於布料、技術，她均以「精品」標準要求自己。

服裝店面對鹽埕大安公園，轉角街屋流露老社區的生活氣息，與服裝店的老派店名產生和諧的年代感，落地玻璃窗前擺放老舊的裁縫車、HONDA的JULIO機車，門口還有老店常見的霓虹燈，牆上張貼紅色春聯，在琬齊熱情、樂觀的生命態度裡，藏著感受細膩的老靈魂。

服裝店 tailor-made

臨近捷運：鹽埕埔站
地址：高雄市鹽埕區建國四路 100 號
電話：0989-468-477
時間：13:00 ～ 20:00（休假另行公告）

服裝店的招牌很復古，與社區氛圍毫無違和感。

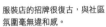

阿木司。Amuse

老家具重組的再生實驗

窗外臨筌鹽埕區
的綠廊道。

1
2 3 4 5

1.2. 紅磚老屋整修後再現風華。
3.4.5. 設計師林建佑、廖沛怡與林韋佑蒐集老件重組成獨具風格的家具。

面對堀江商圈及堀江商店街，阿木司的紅磚建築相較於老街街屋，外型格外引人注目，修復後的老屋看上去少了灰窯磚刻意的仿舊感，整面落地窗倒是融合新穎的建築設計，建築立面橫書「1946」大大的數字，老屋的身世昭然若揭。

阿木司是由藝術家、空間設計師與具有博物館背景的經理人所成立的創作品牌，涵蓋老件新作家具、微型空間設計、工藝展覽體驗等內容，並結合繆思女神（Muse）與木質概念，發想出阿木司（Amuse）這個品牌名稱。

這是由七年級生組成的年輕團隊，品牌經理人童鈺華念的是博物館學，設計師林建佑與廖沛怡夫妻檔畢業於高雄師範大學美術系，林建佑的弟弟林韋佑也是設計團隊成員之一，他們的作品意在創造一個空間與家具的新語彙，讓藝術家與老物件相遇，再現新舊時代交融的氛圍。

透過落地窗，看見的小窗櫃，以榫接的方式重組老窗戶，木質紋理搭配花玻璃與清玻璃的古老精工質地，加上四支現代化的木腳，讓看似灶腳的菜櫥、阿嬤的衣櫥增添時尚感。置物櫃上的小鹿角盤是阿木司的形象標誌，不僅取材舊家具邊料徹底再利用，每個鹿角盤都有屬於自己的犄角，因為每塊木頭本質都是獨一無二，另外「記憶蔓延」系列作品的傳統針車，則是跳脫一般人會利用針車腳架做成桌腳，反而當作椅子扶手重新詮釋。

一件家具的靈魂來自於有人而後有溫度，所以阿木司的品牌空間也推出各種講座與體驗活動，有時開辦料理體驗，有時舉辦生活花藝，都意在讓人走進來好好過生活。

阿木司。Amuse

臨近捷運：鹽埕埔站
地址：高雄市鹽埕區必忠街 229 號
電話：（07）551-3051
時間：13:00～20:00，週一、二店休

傳統針車腳架變成椅子的扶手。

do good coffee&dessert

臨近捷運：鹽埕埔站

地址：高雄市鹽埕區必信街 116-1 號

電話：（07）521-3635

時間：10:00 ～ 18:00，週二店休

1 2 3 | 4 5 6

1.4.5.6. 老屋改造、布置全都由店主人親自操刀。2.3. **BoBo** 的手作甜點會隨季節變換食材。

do good coffee&dessert

安靜啜飲咖啡的巷弄小店

點綴可愛拉花的美式拿鐵。

臨近高雄港牌樓，不遠處就是駁二藝術特區蓬萊倉庫，do good的位置距離鬧區很近，卻又能獨善其身於喧囂之外，少了商店街的庸擾步調，獨立棲身在街屋之間，咖啡館小店的剪影著實襯托出巷弄日和的溫暖氛圍。

在這個原本閒置經過改造的空間裡，保留了原本老屋的大理石地板，整面乾淨的水泥牆和吧台的紅磚牆在吊燈的投射下，營造輕工業風的設計感。do good，很容易直覺聯想台語諧音「度估」，如此直爽簡單不造作的個性也是咖啡館主人雅芝和BoBo的性格寫照，do good只有提供咖啡和手作點心，不賣早午餐，雅芝笑笑地說：「因為鹽埕區有許多知名小吃，其實可以吃完小吃，再來我們店裡喝咖啡」。

七年級生的雅芝和BoBo兩人同在咖啡館工作多年，雅芝在「單品咖啡豆產地」及「咖啡杯測」的訓練紮實，BoBo則是熱衷甜點製作及咖啡沖煮，吧台黑板上寫著每日挑選的手沖咖啡、隨產區風味不同淺焙、中焙、深焙，各種焙度可隨各人喜好，並且店內特別引進TRN台灣烘豆師聯盟每月精選的豆品。

BoBo說，做甜點是一件能夠樂在其中的事，最初從磅蛋糕入手，現在他已能隨季節食材多元嘗試，例如夏天應景的芒果生乳酪、香草檸檬捲、好繽紛水果塔紛紛出籠，就連英式點心的愛心司康也難不倒他，配上自家叢林冒險的中深焙配方豆，果真配得起do good這個名號。

BoBo 和雅芝共同在此築夢。

16號貓星球

貓蛋糕和花雜貨的超迷你基地

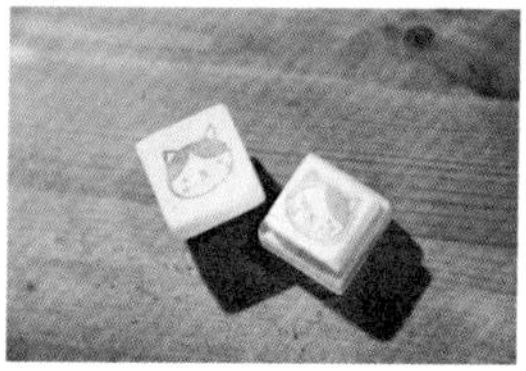

16 號貓星球

臨近捷運：鹽埕埔站
地址：高雄市鹽埕區必信街 42-1 號
電話：0921-519-194
時間：14:00 ～ 22:00，週三店休

想到16號貓星球報到，請務必留意路邊一個寫著「16號貓星球總部」的三腳架小黑板，從這裡進入巷子底，就會發現一棟藍色平房的神祕基地了。像是飛碟突然降落在地球上，牆上畫著的大白貓正守衛著16號貓星球總部，通過老闆船長的許可後，進入到小小的貓星球上。

店內空間超級迷你，目測約為六坪的小房間，一進入室內，滿天的藍色星空籠罩，就算在白天也像是外太空的銀河系，星球裡的貓老大各自占據地盤，偶爾湊近訪客身邊調皮示好一番；來到這裡的貓奴肯定深陷其中、無法自拔。貓咪的插畫明信片、貓咪的攝影，店裡所有創作全出自船長之手，長榮美工畢業的她笑說，當初是想要畫貓才會養貓，後來一不留神就失控了；結果她在店裡總共領養了九隻毛小孩。

在16號貓星球裡，可說是麻雀雖小、五臟俱全，可以欣賞雜貨、乾燥花、星空，也能和貓貓說話，還能夠品嚐蛋糕和花茶。席地坐在小墊子上，擺上貓咪小叉的香草泡芙，連花茶都是貓腳印杯盤，時不時也吃得到百香果塔、香草把噗、檸檬乳酪、咖啡捲捲、手工布丁等不同口味。

除了插畫，船長對手作花圈飾品也感興趣，滿室被花點綴充滿少女心，船長平時還會騎著單車上街賣花，順便隨興畫畫寫生，在瑞豐夜市也看得到船長的小貓旗攤位喔！

1
4 5 6 7 | 2
3

1.7. 這裡是貓星球的基地。
2.3. 有許多雜貨小物可挑選。
4.5.6. 可口的手工甜點融入貓咪的形態。

貓星球的插畫明信片。

七二便利屋

紙模型設計藝術工作室

座落在鹽埕區居民慣稱大溝頂的堀江商圈裡，紙模型及插畫藝術家 MACACA 在市集裡創辦了個人工作室，七二便利屋門口燈箱畫著可愛的濱線熊，連「塩埕町」三個字看起來都格外有年代感，舊地名與時空的連結，加上日本動漫的流行文化，令人彷彿置身台版秋葉原的小店舖。

曾出沒在高雄許多景點的濱線熊，去年在高雄小港國際機場展出「時空之旅」個展而聲名大噪，幕後的創作者就是 72 STYLE 的 MACACA。在 MACACA 的畫筆中，濱線熊是住在只有水和鐵道，以及少許土地的哈瑪星球上，為了尋找失聯的科學家爺爺而展開旅行，旅行前聽說爺爺去了地球上一個名叫台灣的島嶼，去尋找一個同樣名為哈瑪星的地方，所以濱線熊和朋友們決定出發去台灣探險，追尋那屬於自己和爺爺的美麗記

1.2.3.4.5.6. 可愛兼具創意的紙模型雜貨，往往會令人失心瘋。7. 插畫藝術家 MACACA 和他的工作室。8.9. 在大溝頂的小店舖。

Hi！我是濱線熊。

七二便利屋

臨近捷運：鹽埕埔站

地址：高雄市鹽埕區新樂街 198 之 14 號

電話：（07）531-7121

憶。有趣的故事，引起異業注目，MACACA笑說，濱線熊曝光度很高，目前也有LINE貼圖發售中。

MACACA透露自己很喜歡收集鋼彈模型、樂高積木，甚至小時候的志願就是「設計玩具」。他當初因為製作紙玩具送朋友較方便，從大學時期便投入紙模型設計，當時還成立了72烈士工作室，算是72 STYLE的前身。創作初期作品多數是兔子，後來技術升級到複雜的龍，而且有別於早期偏重用色、強調技法，目前他更偏愛手繪感，近期主要以濱線熊為創作媒介，可愛的商品包括明信片、紙膠帶、手帕等文具小物，他希望透過插畫來傳遞高雄和台灣的各種美好。

這裡是紙模型控的天堂。

小洋樓手作

體驗金工藝術的老屋教室

走，上市集擺攤去！

5 | 1 2 3 4

1.2.3. 處處可發現店主的手作生活巧思。4. 木抽屜變成工具箱。5. 典雅的洋樓老屋。

一看到這房子，就覺得「小洋樓」這名字取得真貼切，全棟白色建築獨立在一排老社區街屋之間，圓形的廊柱呈現古希臘式建築特色，加上未有連續壁的構造，整棟建築開窗數量多，當陽光灑在白色建築之上，襯著老屋背景一片湛藍天色，從外觀看上去，雖不同於華麗歐式建築的典雅氣質，卻與鹽埕區小城人家生活氛圍分外契合，「我們之前在這裡路過好幾回，當時就很喜歡這棟老房子了」，金工藝術家蕭家佩說道。

相較於許多老屋年久頹圮，這棟老屋雖閒置多時，但主結構保持十分完好，不需費心著手修復，使得小洋樓手作的藝術家們就將心思全放在手作裡，老屋裡裡外外都能發現各式各樣的手作改造：戶外的植栽使用木棧板搭建平台，竹蒸籠再利用變成盆栽，庭院的花草植物就是現成的烘焙食材。

進入室內，各種木作應用在不同空間裡，屋頂結構依然是木樑基礎，木抽屜櫃組成的工具櫃，木作長桌、木地板營造溫暖的工作室以及體驗教室，再利用木頭廢料做成木樓梯扶手，而在空間擺設上，澆花器做成吊燈，木窗框變成展示台，舊物回收再生在

這群藝術家手上，創意發揮得淋漓盡致。

小洋樓手作的金工飾品均採預約體驗，其他課程如織維飾品、皮革配件、木工手作及烘焙體驗教室等，開課訊息會不定期公告在粉絲專頁中。金工藝術家蕭家佩畢業於國立臺南藝術大學應用藝術研究所金工與首飾創作組，她除了走訪文創市集，並成立實體工作室平台，無論敲鎚質感的黃銅手環、極簡交叉編織款或情侶純銀對戒體驗，她手中的金屬工藝魅力總是如此亮眼。

對戒手作體驗最受歡迎。

小洋樓手作

臨近捷運：鹽埕埔站
地址：高雄市鹽埕區大公路 110 號
電話：（07）531-8983
時間：18:00 ～ 20:00

夢想鞄製所 Dreamkaban Leather work

有個性又具紳士風範的手工皮件

棲身在鹽埕老街賊仔市周邊的個人工作室「夢想鞄製所」，外觀上沒有駁二藝術特區內工作室光鮮亮麗的品牌架式，一整排橫立的招牌放眼望去，也不刻意顯得突出，整體呈現的樸質、簡約風格，正反映出店主——皮革工藝創作者莊子儀低調專注創作的作風。

透過落地窗照著微暈的黃燈，隱約感覺室內商品陳設簡潔、不紊亂，而莊子儀正安靜、專心地埋首在遠端一隅。準備進入店內之時，猛然發現，自動門按壓開關上竟裹著皮革，夢想鞄製所連微小的細節也用心。進入店裡，除了各式作工精細的手作皮革作品，你很難不被利用皮革裝飾的吊燈設計給吸引，夢想鞄製所的產品充滿創意與驚喜，除了將皮料結合燈罩設計、運用於日常生活中，還製作出杯墊、磁扣保護套、餅乾鑰匙圈等，喜歡老物件的他，若收集到老窗戶金屬鎖或門把，也能發揮想像力，將其與皮件組成異材質的設計包款，讓每件材料風華再現，不會因為歲月而消失了生命。

莊子儀用堅持推廣手縫工藝與植鞣革的美好。

夢想鞄製所 Dreamkaban Leather work

臨近捷運：鹽埕埔站

地址：高雄市鹽埕區鹽埕街 118 號

電話：0911-157-359

時間：預約制

攝影：除 8.9. 為曾信耀，其餘為余奕賢所攝。

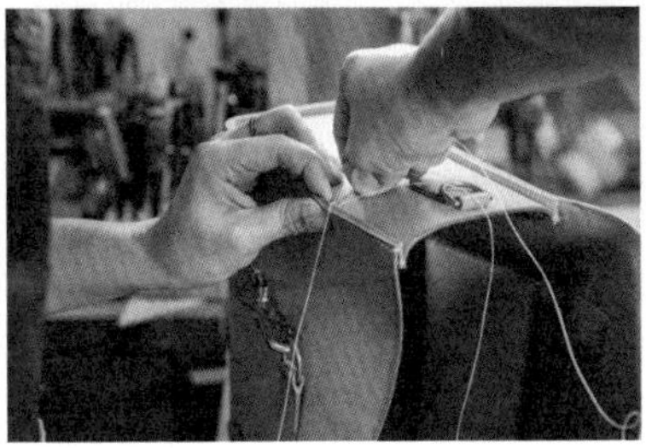

莊子儀說，從小由外公帶大的他，常常看著外公動手製作桌椅、修繕家中電器，在耳濡目染之下，「動手做」是非常稀鬆平常的小事，因此外公對手作的嚴謹、專注的態度深深地影響著他。他原本是電腦工程師，因對手工皮件的熱愛，從利用閒暇自學、動手做，到放手逐夢，毅然決然離職轉業、自創品牌，把生命力灌注在皮件中，以熱情的心、溫暖的雙手，經營著樸實小店，傳遞手作的精神與價值。

在店內，除了義大利皮料以外，亦可發現一般較少見的英國馬鞍革、美國頂級 HORWEEN 皮料、日本栃木革。在許多的作品裡可發現，他的設計多數以簡潔線條呈現，他說，皮件的生命力是來自於創作者與使用者賦予的，這才是手工皮件最簡單原始的魅力。

2 3 4 | 1
5 6 7
8 9

1. 手工縫製的皮革，有著機器無法完全替代的溫潤手感。2. 以美國 **HORWEEN** 製作的低調奢華名片夾。3. 極盡完美的細節。4. 餅乾鑰匙圈及磁卡皮套。5. 經由植鞣革養色的歲月痕跡。6.7. 手工打洞及縫線。8.9. 如同皮革的耐久性，莊子儀非常愛物、惜物，甚至將皮料剩料結合燈罩設計，讓人意想不到。

BOOKING

老城區獨一無二的複合式書店

抹茶拿鐵。

五星級漫畫書店。

2 3 4 | 1

1. 戶外祕密花園。2. 這裡有國內、外當期雜誌。3. TT 面膜品牌實體店舖。4. 享受咖啡閱讀時光。

BOOKING
臨近捷運：鹽埕埔站
地址：高雄市鹽埕區瀨南街 177 號
電話：（07）561-2220
時間：12:00~22:00（20:00 後不供餐）

回顧二〇一〇年在鹽埕區開設BOOKING，當時這裡的文青風尚未成形，僅存的書店更是零星可數，BOOKING就像是為老城區開啟新的扉頁，開創了結合書店、租書店及咖啡館的全新創舉，再加上又是網路熱銷品牌TT面膜的實體店鋪，因此被客人形容為五星級規格的複合式書店。

不同於傳統漫畫租書店的紊亂擁擠，BOOKING展現出書店明亮的設計感，一樓雜誌牆提供了全新的當期雜誌以及新書陳列架，除了最新的翻譯文學、旅遊書等，並規劃繪本童書區，是一處非常適合家庭的休閒閱讀中心，二樓則是以漫畫、武俠小說為主，尤其多達十五萬本漫畫的三層櫃，更是號稱全台最完整的漫畫藏書庫。

BOOKING座落鹽埕區老街道上，相較於知名連鎖書店重於空間設計氛圍，這裡反而自然而然凸顯出老城區獨有的人文情懷。在這裡看書，同時可以享用美食，烈日不在當空時，坐在鬧中取靜的戶外庭院，到樹蔭下乘涼，舒服地躺在搖椅上，與慢吞吞的象龜對話，或是看看蹦跳的兔子，彷佛遠離擾人塵囂，安心自在地享受隱身城市叢林裡的祕密花園。

由於BOOKING創辦人是知名作家「遛鳥博士」李昆霖，他不只從小喜歡看漫畫，也視美食為人生一大享樂之事，所以BOOKING的食材排場絲毫不馬虎。鄉村風味煎烤厚豚、鹽味松阪豚、好學生牛排排餐，以及澎湃海鮮的義大利麵，全是當家主廚爐火純青的好手藝。下午茶時光最適合來一份現烤鬆餅，配上一杯甜香的黑糖拿鐵，靜靜地看書，一切都好。

豐富的海鮮義大利麵。

好學生牛排。

▲ MARS 睦工場結合老屋工業風。

特別企劃 6

KAOHSIUNG

鹽埕文青咖啡角落

在高雄還能保有老城區生活氛圍的地域，鹽埕區是少數的其中之一，當地老字號小吃固守著老味道日復一日，傳統民宅街屋、老屋一直被人愛屋及烏地保存著。近年來駁二藝術特區的興起，吸引了人潮，也帶來了許多具有特色的店舖在此落腳，這股老屋文化風氣慢慢地潛移默化，從老屋工作室到老屋咖啡館，串連成為一張自遊漫活地圖。

元啡驢派自烘豆飄來醇香。

誰說到愛河非得要走觀光客路線？比起眼前的風景浮光掠影，愛河西岸的岸上人家生活知足常樂，雖不至於與世隔絕，但與一河之隔的東岸都市叢林，倒是形成鮮明對比。打開半圓拱窗，巴洛克街屋的好雙咖啡，沙仔地五金聚落裡的小木屋廚房，靜靜地與老社區共生存在；走訪被形容為愛河畔「小法國」的安多尼歐法式餐廳，或高雄市電影圖書館角落的步道電影咖啡館，從窗外望出去就是水岸風情。

老鹽埕的咖啡館似乎總是能找到安靜的氣息，do good coffee&dessert 直接叫人來「度估」；BOOKING 書店賣咖啡可不是做作的假文青，紮實的藏書量配上一杯咖啡剛剛好；元啡驢派和 MARS 睦工場大玩木作空間設計，老屋改造令咖啡館全都變成一道道街頭風景。或者造訪高雄現役最老的小堤咖啡店，即便它附近的金城戲院對面巷內，已不復當年川流不息的繁華，但不妨坐老皮椅，用老式咖啡杯喝咖啡，看看窗外的流金歲月，此時此刻真的無聲勝有聲。

1 2

1.**BOOKING** 藏書豐富。
2.**MARS** 睦工場的美式早午餐活力滿滿。

女孩們最愛的抹茶拿鐵。

▼**BOOKING** 被形容是五星級複合式書店。

好雙咖啡氣氛愜意。

特別企劃 7 KAOHSIUNG

高雄銀座大溝頂，3D版的格子舖

以往高雄設計節重心都在駁二藝術特區，二〇一五年首度移師鹽埕區大溝頂舉辦「創意逛大街」活動，由設計師帶路在大溝頂老店尋寶趣，這處高雄人稱「大溝頂」的堀江商圈大爆冷門地被挖掘，成了高雄小文青口耳相傳休閒踏青的好去處。

大溝頂的由來，是日治時期填築愛河的支流「後壁港」整治而成的大水溝，在一九五四年時加蓋，獲准成為攤販的集中市場而得名。回溯六十年前，當時南部人要逛街，莫不說去「高雄」，而這裡所指的高雄就是鹽埕區，除了台灣第一家百貨公司「大新百貨公司」落成

▲ 先看地圖再去逛市場吧！

鹽埕區的「黑白切」櫥窗是老市場的實驗空間。

▲ 滿牆塗鴉畫的是老市場人的生活寫照。

阿綿麻糬成了老市場超人氣小吃。

啟用，另外最大的娛樂就是到大溝頂享受美食、買布料、訂做衣服與採購仕女用品等，而在大溝頂市場鼎盛時期，分別有大公、新樂、富野等多個集中商場，其中富野集中商場又因是舶來品集散地，而有「賊仔市」之稱。

在文創概念引進之下，原已沒落的大溝頂商圈猶似絕處逢生，一間間小店舖看起來像是3D放大版的格子舖，不僅各類型商店多元薈萃，甚至舉辦藝術家駐村計畫，包括紙雕藝術家成若涵等人，讓傳統市集變身為文創基地，近期陸續有濱線熊插畫家紙模型設計師MACACA進駐，成立七二便利屋，三餘書店也落腳開辦大溝頂工作室，還有鹽埕黑白切櫥窗型展覽空間，採取另類無人管理的展覽會場，展現沒有買賣、異想天開、堅持創作獨立的實驗舞台。

想當然耳，悠久的老市集必然少不了老字號小吃美食，婁記饅頭、三郎餐包、孫家肉粽、王記魚丸扁食等等，伴隨著高雄人兒時成長的老味道仍舊記憶猶新，倒是愈來愈多個人甜點工作室帶來許多驚喜的發現，像是阿綿麻糬、沙普羅糕點小舖等，具設計感的門面翻轉了老市場千篇一律、陳舊的刻板印象，漫步略顯幽暗的市集走道，彷彿游移在時光廊道裡，回憶好遠又好近。

小木屋廚房

隱居老社區的無菜單料理

小木屋廚房位在沙地里，早年是一片海砂埔，當地人俗稱「沙仔地」，日治年代名為入船町六丁目，因當地解體碼頭應運而生的五金解體業，至今仍在老社區保持舊時代的生活聚落。而在公園二路12巷裡的老房子街屋很有趣，恰巧是一棟磚造、一棟木造的排列方式，小木屋廚房就是位居其中的一棟木造矮房，樓高不到兩層，是老一輩人家所稱的半樓仔，是貨真價實的「小木屋」，迷你的小空間大約僅容得下五張小桌子，因此這裡用餐是採預約制。

廚房主人呂筠儀表示，一開始就想要找間老房子，原本這個空間規劃為個人的甜點工作室，偶爾做餐招待朋友，後來這個祕密基地漸漸傳開了，來客愈來愈多，最後只好乾脆變成小木屋廚房了。

凡是吃過呂筠儀的無菜單料理，皆讚不絕口，她笑著透露，之前在波士頓唸書時，多數時間都是自己準備料理，那時候常看美食節目，應是因為潛移默化地領悟歐美料理方式有關。但回過頭檢視她的生長背景，其實從小就有料理淵源，筠儀爸爸是北方人、媽媽是廣東人，她小時候就喜歡在廚房看媽媽煮菜，對大江南北的料理向來耳濡目染，也因此她偏愛家庭料理，對餐廳高檔排餐反而較為無感。

無論是無菜單料理或自製手工甜點，呂筠儀都以留住食物原味為心法。夏天酪梨燉豬肉、冬天紅酒燉牛肉等，晚上的無菜單料理因應不同季節搭配適合的主題食材，至於早午餐有歐姆蛋、青醬雞排、南洋豬排、香煎牛排等主餐，來這邊餐後一定要嚐嚐焦糖布丁、鮮奶酪或手工蛋糕，配上精品手沖黑咖啡，慢慢地吃出絕妙的好味道。

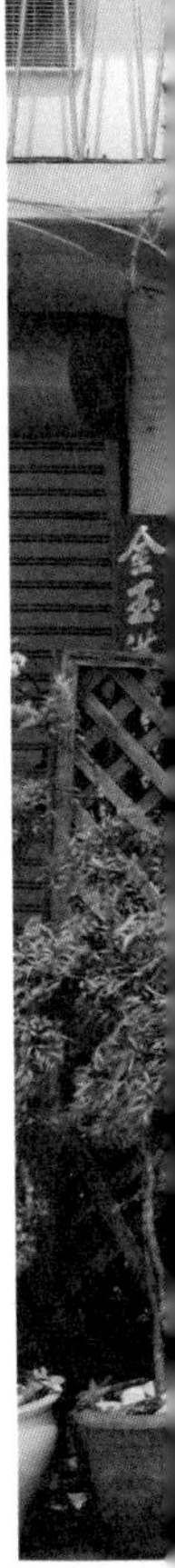

小木屋廚房空間有限，必須預約
無菜單料理及早午餐。

小木屋廚房

臨近捷運：鹽埕埔站
地址：高雄市鹽埕區公園二路 12 巷 13 號
電話：（07）521-7470
時間：10:00 ～ 14:00、19:00 ～ 22:00

1
2 3 4

1.2. 店名「小木屋」的特色從建材就可以一目了然。
3.4. 半樓仔的迷你格局。

安多尼歐法式餐廳

愛河畔的小法國

位於愛河畔的安多尼歐法式餐廳，被形容為小法國，不僅在美食行家的口中擁有極高知名度，並且名列愛河景觀餐廳，地位屹立不搖，自二〇〇七年開設至今，即將邁入第十個年頭了。

打造愛河畔小法國的幕後推手是Jerry與Robert，他們都是高雄人，開店之前長年旅居異國工作，當時若有親友造訪，他就會帶著友人驅車前往聖安多尼歐市（San Antonio），那是德州南部一個歐風小鎮，有「美國威尼斯」的美名，鎮內有一條貫穿市街的人工運河，沿運河的河濱步道走，夾道兩側盡是美食美景，那幅景致與愛河風情就正好如此相似。

熱愛美食的Jerry與主廚任全忠，對食材、料理展現了絕佳默契的共識理念，不僅取材小農契作，經營方向也以訴求健康的天然食材，以及綠色友善餐廳為目標。隨季節推出當令食材則是主廚用心所在，從八斗子的小卷到北海道的松葉蟹，從裏海的魚子醬到貝里格爾的松露，從澳洲的小羔羊到北美

新開設麵包小舖。

1.7.8.9. 來此用餐享受法式風情。
2.3.4.5.6. 店內選用當令食材入菜。

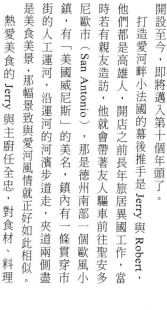

大陸的頂級安格斯，甚至頂級的 Cabassi 和牛、波士頓活龍蝦，讓味蕾的想像無遠弗屆。

玻璃窗外波光瀲灩，服務生推著甜點車，親切地提供桌邊服務；直逼米其林星級的手工甜點宛如藝術品。荔香玫瑰慕斯、深焙可麗露、野草莓森林、輕乳酪、烤布蕾、競輪泡芙、香草盆栽等，每天變換口味，而且 Jerry 好客不藏私，把自家超人氣的甜點與麵包，獨立成烘焙坊；只要經過愛河畔，安多尼歐法式餐廳一樓麵包小舖流露出歐洲街頭小店的溫馨鄰家氣質，真令人駐足動心不已呢！

安多尼歐法式餐廳

臨近捷運：鹽埕埔站
地址：高雄市鹽埕區河西路 7-1 號
電話：（07）533-5330
時間：11:45 ～ 15:00、17:45 ～ 22:00

沙普羅糕點小舖

麵包老店新創甜點品牌

2 3
4
5 1

1. 小舖位在大溝頂裡。
2.3.4.5. 乳酪蛋糕的口味選擇多元。

戚風蛋糕秒殺倒數計時。

沙普羅糕點小舖

臨近捷運：鹽埕埔站

地址：高雄市鹽埕區新樂街 198-18 號

電話：0953-058-099

時間：12:00 ～ 19:30

沙普羅糕點小舖地處鹽埕堀江商圈的新樂集中商場裡，店舖對面就是高雄赫赫有名的三郎餐包麵包廠，雖然小舖開店迄今十年了，但比起大溝頂裡的老店，輩份仍微不足道。其實沙普羅糕點小舖老闆陳麗元就是三郎餐包第三代，時不時看見他穿梭在兩間店舖之間的身影，大溝頂幾乎是他從小到大的成長歷程寫照。

陳麗元說，小時候在自家麵包廠幫忙，對烘焙就產生濃厚興趣，不過年輕氣盛就是想出外闖闖，也不想墨守成規在傳統麵包領域裡，所以他在退伍後，先是考取烘焙證照，並去五星級飯店當學徒，跟著專業甜點主廚與外籍師傅學藝，店舖門口還掛著他獲得法國藍帶廚藝學校的認證。

陳麗元是三郎麵包廠的第三代。

有家學的深厚底子，加上對甜點烘焙孳孳好學，陳麗元將新舊元素融合得相得益彰。店裡以蛋糕為主，尤其因為陳麗元自己愛吃乳酪蛋糕，因此發展出法式輕乳酪、帕瑪森烤乳酪、藍莓雪藏重乳酪、抹茶重乳酪、歐力奧重乳酪、黑騎士重乳酪蛋糕等多樣口味，還有起士條、泡芙等乳酪點心。

另外值得一提的是，有「秒殺」封號的戚風蛋糕，算是從自家老店薪火相傳而來，老一輩人稱之為拜拜蛋糕，但經過陳麗元改良配方之後，蛋糕體更加蓬鬆細緻，同樣熱賣的還有福氣餅，作法是將蘇打餅乾夾牛奶糖，以日本砂糖、麥芽糖、奶粉和奶油攪拌的牛奶糖香甜不膩，在餅乾鹹香中，充滿了濃濃的懷舊古早味。

1 2 3
4

1.2.3. 因應旅行需要設計的配件商品。4. 以老屋作為旅行計畫的諮詢站。

承載年輕人夢想而成立的「我在旅行」，從火車大富翁、鐵支成年禮等旅行號召計畫一路向前行，並曾入選青輔會第二屆感動地圖企劃案的團隊計畫，二〇一四年「我在旅行」團隊落腳高雄鹽埕區，從老城區出發，與在地人接觸，傳遞分享的力量，鼓勵年輕人讓「旅行」成為生活的態度。

新樂街110是一個將抽象的願景，實踐成具體的實驗性老屋空間，這裡隨處可見年輕人的身影，「我在旅行」四個字，處處映入眼簾。老屋氛圍與青春氣息竟如此和諧又溫暖，長板凳隨意就坐，中藥行檜木藥櫃、菜櫥、衣架、抽屜也都變成展示櫃，滿室老家具布置的文創空間，散發屬於年輕世代的個性文青風。

新樂街110主要作為生活創意商店、旅行計畫諮詢站，並規劃共同工作空間、講座空間，以「我在旅行」為題推出一系列的設計商品，如「壯遊鐵道火車大富翁」全島鐵道布地圖、緹花運動巾、大浴巾，以及勇氣包、涼涼夏日小摺扇、檜木吊牌、古錫徽章、背包吊牌筷套等旅行配件。

新樂街 110

來這裡規劃你的創意旅行

在旅途中寄出明信片。

新樂街 110

臨近捷運：鹽埕埔站

地址：高雄市鹽埕區新樂街 110 號

電話：（07）521-5528

時間：10:30～21:30

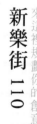

印花樂（高雄鹽埕店）

台灣品牌結合港都印花趣

懷舊的老窗花布紋小包包。

1
2 3

1. 座落大溝頂的布莊集散地。
2.3. 除了印花織品商品，也有玩印花體驗課程。

鹽埕區堀江商圈（大溝頂）早年是買布料、訂做衣服的布莊集散地，這也是當初印花樂繼台北大稻埕的小藝埕門市，選擇落腳高雄鹽埕區大溝頂的由來。而與小藝埕門市非常不同的是，鹽埕老街區的氛圍貼近在地庶民氣息，相較原本沉寂黯然沒落的老街區，印花樂繽紛的色彩彷如午後那一道照進巷弄裡的陽光，為此地添上清新神采，也感染街坊一起多采多姿過生活。

成立於二〇〇八年的台灣設計師布料品牌，是由邱瓊玉（企鵝）、蔡玟卉（小花）、沈奕妤（Ama）三名女孩協力創辦，她們以生活為創作核心，將台灣生態、台灣記憶，轉化為新的創作元素，結合圖案設計與印花織品，創造自在而有特色的印花風格。

設計師們偏愛東方花鳥，台灣八哥的形象、老花窗的圖騰是創作的主要題材，而在高雄鹽埕店的作品特別取材港都印象，像是船錨、海浪、消波塊與海釣大叔等，除了布料區陳設、手提袋等商品展示空間，還有背心袋、束口袋、餐墊等，也提供玩印花的入門課程。

印花樂（高雄鹽埕店）

臨近捷運：鹽埕埔站
地址：高雄市鹽埕區鹽埕街 36 巷 23 號
電話：（07）531-3176
時間：週一至週四 11:00～19:00、
週五至週日 11:00～20:00

有豆袋店

獨一無二的布袋選品店

1.2. 布袋選品的專賣店。3. 五金街街上的個性小店。

國旗包是老外最愛的款式。

從駁二藝術特區轉進新化街，一路沿五金裝置藝術前行，在新化街與莒光街口處，一間迷你的黑色倉庫就出現在街頭轉角處，整面落地窗掛著大大小小的日式圍裙帆前掛、帆布簾，坐在橘色公園椅往櫥窗看進去，格子牆上排列的布袋圖樣充滿各種插畫畫風，讓人看了真的超喜歡。

「有豆是一隻從收容所來的老『小狗』」，店長在一旁解釋。有豆到了工作室不到一個月，就安詳告別當天使去了。牠的體型非常小，甚至比貓還小，袋店籌備時正好有豆出現，小小三坪大的有豆袋店，就跟有豆一樣迷你、獨特又可愛。

有豆袋店是插畫家李瑾倫成立的「灰灰商店」旗下品牌之一，專賣獨一無二的布袋選品，主打商品如束口袋、後背包、小化妝包等，除了李瑾倫個人插畫創作延伸的手提袋之外，還有獨家限定版的美國地圖及倫敦、紐約、高雄印象城市袋系列，其中有國旗插畫的高雄限定款是許多外國觀光客特別喜愛的樣式。

在自家品牌的布袋設計上，有講究簡單生活的素胚布包，也有全手工製作的包款特別與來自花蓮的陳怡文合作刺繡布標，一針一線織出暖意，招牌的通尼、捲捲、搗揮與灰灰都從袋緣探著頭出現了。

有豆袋店

臨近捷運：鹽埕埔站

地址：高雄市鹽埕區新化街 103 號

電話：（07）531-2279

時間：週一至週四 10:00 ～ 18:00，週五 10:00 ～ 19:00，週六、日 10:00 ～ 20:00

阿魯由日貨舖

大溝頂新舶來品的代購概念店

阿魯由日貨舖
臨近捷運：鹽埕埔站
地址：高雄市鹽埕區新樂街 213-60 號
時間：15:30 ～ 19:00
FB：阿魯由日貨舖

1. 運動迷想收藏的紀念T恤。2. 日本藥妝店商品。3. 有趣的公仔玩偶。

《七龍珠》賽亞人的公仔。

沿高雄有「銀樓街」之稱的新樂街走，阿魯由日貨舖的位置就在新樂集中市場入口處，相較堀江商圈縱橫交錯、綿密複雜的大溝頂路況，日貨舖算是容易找得著的店家了。往市場暗巷走道一眼望去，除有零星的台藝駐村藝術家工作室進駐其間，日貨舖僅有一面寬兩公尺的迷你小空間，卻幾乎是市場裡的一大「亮」點。

阿魯由日貨舖老闆方維廷說，當初打造這間實體店舖的用意，其實是想做代購概念店。相比坊間以女性為客群的日本雜貨，清一色都是卡哇伊特色商品，如服飾或配件等；而以男性客群為主的阿魯由日貨舖，就看得出不同的經營取向。商品以玩具、餐具生活用品為主，尤其方維廷是標準的運動迷，既支持日本職棒西武隊，也是美國職棒紅襪隊球迷，所以他經常代購棒球、限定版的足球球衣等相關商品。像是甫於二〇一六年六月火腿隊王牌投手大谷翔平，飆出163km/h的驚人球速打破日本職棒紀錄，在日貨舖便馬上有大谷翔平「日本職棒最快球速163km/h」紀念T恤，喜歡運動的人，在這裡隨時都有第一手資訊。

本東倉庫商店

文具控最愛的生活雜貨

店家的建築本體是駁二藝術特區大勇倉庫群之一，位於自行車倉庫左側，在二〇一三年由插畫家李瑾倫工作室規劃設計，也是駁二藝術特區最受文具控喜愛的生活文具賣場。對比一般倉庫生冷的空間感，本東倉庫商店的空間設計結合Loft風格，挑高的閣樓，抬頭能盡覽老倉庫保存完好的檜木橫樑結構，整個空間充滿可愛的文具用品，揉合生活溫度和童趣色彩。

有時在櫥窗畫上俏皮的貓咪和大家說Welcome，又或者是黑板上的值班貓咪介紹今日好吃的冰淇淋。咖啡杯、明信片也有黑色小貓，其實本東的故事是和這隻黑色小貓有關，原來當時李瑾倫工作室最小的毛小孩就是黑貓本東，本東很黑、很小，個性拘謹，很愛不動聲色地觀察環境，表達愛的方式就是現身在你周圍打盹或凝視著你；在這裡，毛小孩更像是一家之主。

本東倉庫商店主要販賣各類文創商品、進口文具雜貨和咖啡輕食，並不定期舉辦藝文活動，從古早膠鞋、塑膠菜籃到各式畫材文具應有盡有，代寄咖啡明信片、音樂明信片，這裡猶如一個熱

1.2.3.4.6. 店裡有上萬件的文具雜貨可以挖寶。5. 店址座落於駁二藝術特區大勇倉庫群。

有多種進口橡皮擦的品牌可挑選。

鬧繽紛的文創菜市場，上萬件商品讓人盡情挖寶，文具控絕對逛到欲罷不能。走上二樓，還有一間筆記本裝訂工坊，找不到喜歡的筆記本嗎？那就來訂做一本給自己或送朋友的獨一無二筆記本吧！

嘴饞了，找一個空閒的小桌子，喝杯現煮的拿鐵，看了看黑板手寫的菜單有點餓，因為竟然還有豬油拌飯配雙煎蛋，想吃三明治就配一份喵喵福、可頌或盒酥，再不然每天也有不同口味的霜淇淋，試試看哪種是你的幸運好滋味！

本東倉庫商店

臨近捷運：鹽埕埔站
地址：高雄市鹽埕區光榮街 1 號
電話：（07）282-8747
時間：週一至週四 10:00 ～ 18:00、週五 10:00 ～ 19:00，
週六、日 10:00~20:00

1 2
4 3

1.2. 琳瑯滿目的櫥窗，一定可以找到你喜歡的寶貝。3.4. 這裡是大齡玩家的玩具店。

多多玩具店
臨近捷運：鹽埕埔站
地址：高雄市鹽埕區新化街 118 號
電話：（07）531-2223
時間：週一至週四 10:00 ～ 18:00，週五 10:00 ～ 19:00，週六、日 10:00 ～ 20:00

組裝模型玩家出沒的愛店

多多玩具店

《丁丁歷險記》的主角丁丁。

現今有淘寶網等各種網路商城主導新一代的消費模式，因此具有主題性的實體店舖愈來愈成為市場上的異數；多多玩具店的出現就是這樣吸引許多習慣實體店舖的大齡玩家。店址在有豆袋店對街斜角處，同樣也是插畫家李瑾倫成立的灰灰商店旗下品牌之一，但有別於以插畫作品延伸的商品，這裡純粹想喚起大人未泯的童心。

整間小店舖有多達上萬件玩具商品，主要是自行組裝的盒裝模型或玩具，包括在無線遙控汽車模型界赫赫有名的 TAMIYA 田宮模型，和以鋼彈作品（如聖戰士 Dunbine、Sunrise 系列動畫）的角色模型聞名的 BANDAI 萬代，店內販售的商品對內行玩家來說如數家珍。另外鎮店之寶的 HONDA CB750 RACING 以及 Ferrari 寶馬法拉利，更是車迷們的經典收藏。

除了龍貓、海賊王等日本動漫主角，店內也有引進來自比利時動漫的《丁丁歷險記》小公仔；訪客不妨在櫥窗裡仔細找找，一定可以挖到寶喔！

微型積木超級卡哇伊

nanoblock 南寶積木店

台灣限定版的 **101** 大樓積木。

座落在昔日有「高雄五金街」之稱的新化街裡，年輕人、小朋友進進出出，難以想像以往是「黑手」出沒的生活圈。一批批人潮前仆後繼，**nanoblock** 南寶積木店是 **nanoblock** 在南台灣唯一專賣店，果不其然引起積木迷的熱烈迴響。

迷你的小店櫥窗寫著：「世界最小的積木＋手中無限大夢想」，**nanoblock** 世界最小積木只有 **4×4×5mm**，這裡有台灣分店限定的中正紀念堂、一〇一大樓積木、台北圓山飯店等限量珍藏品。除此之外，海外限定版的嚕嚕米、環球影城哈利波特限定的嘿美、火鳳凰、蒸汽火車，會讓許多書迷馬上失心搶購入手。

店內有多達近五百種積木商品，最討喜的招財貓，還有濃眉大眼又圓滾滾的日本不倒翁。買了喜歡的積木後，讓想像恣意發揮，是積木最迷人之處，連大人都變成積木玩家，其中以建築系列是眾多積木迷的收藏標的，羅浮宮、泰姬瑪哈陵、復活島石像、新天鵝堡、金閣寺、大笨鐘、比薩斜塔、東京鐵塔、艾菲爾鐵塔、雪梨歌劇院等，隨興一拼，手作成旅行的回憶。

1 2

1. 積木控一定要來朝聖的小店。2. **nanoblock** 在南台灣唯一的專賣店。

nanoblock 南寶積木店

臨近捷運：鹽埕埔站
地址：高雄市鹽埕區新化街 113 號（駁二自行車道旁）
電話：（07）521-0362
時間：週一至週四 10:00～18:00，週五 10:00～19:00，週六、日 10:00～20:00

元啡驢派

法式鹹派配精品豆咖啡

低調的老屋門面，刻意保持七十年悠悠歲月留下的建築紋理，將空間改造留在室內想像裡，裡裡外外的木作設計看得出咖啡館主人的品味，進門迎面的就是以眷村木窗拼接而成的咖啡吧台，不規則的看板造型極具巧思，每扇窗都變成悠閒的座位區，斜屋頂讓整間老屋更像童話小屋，屋裡的胡桃鉗樹變成獨樹一格的裝置藝術，長木作配上長板凳，角落堆疊咖啡豆麻布袋，整個空間瀰漫濃濃的復古情調。

元啡驢派有咖啡，也賣派，阿元負責咖啡烘焙，阿茹熱愛鹹派製作。阿元的咖啡豆烘焙工作室就在老屋後方，他堅持使用一〇〇％精品豆作為義式基底，另外隨季節風味嚴選單品豆的精萃手沖咖啡，是許多咖啡同好交流好所在。

喝咖啡配鹹派，美味程度與飽足感恰到好處。阿茹講究地採用日本麵粉與發酵奶油，並採取少油、少鹽、低溫健康的手擀派皮，有法式手作鹹派、好心情甜派等十多種口味供隨意挑選，另外每個月推出的限量派，如伊比利豬鹹派、紅酒牛肉派，如此大手筆入菜，難怪在客人的品評裡，擁有「吃不膩」的絕佳口碑。

手沖咖啡用的是自烘豆。

1
2
3

1. 不妨前來一探老屋改造後的屋中屋。2.3. 令人期待的發行限量派。

元啡驢派

臨近捷運：鹽埕埔站

地址：高雄市鹽埕區建國四路 276 號

電話：（07）533-0944

時間：10:00～22:00，週三店休

叁捌。旅居

承載老故事的人文新空間

叁捌。旅居
臨近捷運：鹽埕埔站
地址：高雄市鹽埕區五福四路 226 號
電話：（07）521-5938

比起利用舊建築拉皮改觀的老屋活化，以及曾入圍 2014 ADA 新銳建築獎的殊榮，「叁捌。旅居」這棟建築的時代背景或許更有人文歷史意義。「正美新娘禮服公司」就是當年由「叁捌。旅居」創辦人邱承漢的外婆創立，這是一個擁有八十年故事的老屋，三〇年代從日治時期走向光復，台灣正走過規律、崩毀、再到繁榮的歷程，甚至曾在只有「老三台」電視台的年代，正美禮服數度登上螢幕，老一輩的人就像是紀錄片口述一般，談起這段往事總是津津樂道。

八〇年代正值經濟起飛、十大建設，整體大環境變化迅速，鹽埕區再也留不住那逐漸東移的繁華，正美禮服也從內銷到外銷，起家厝的空間從門市、工廠到閒置；這就是老屋見證的歷史及最寫實的生活故事。

邱承漢不忍兒時成長的記憶荒廢，一手策劃老屋改造，打通天井，從客廳、餐廳、廚房到陽台賦予老空間新風貌，甚至在屋裡還有復古騎樓亭仔腳，不只有在地生活體驗，同時也作為販售高雄在地文創商品的平台、旅遊主題的借閱書店，以及藝文講座展覽空間。

1
2 3
4

1. 別具特色的亭仔腳。2. 以前是店主邱承漢外婆的房間。3. 這裡曾獲新銳建築獎。4. 旅人可以來此借閱旅遊書。

Loft混搭風的美食空間
MARS 睦工場

原味拿鐵咖啡可以變化出多種口味。

MARS 睦工場

臨近捷運：鹽埕埔站
地址：高雄市鹽埕區大勇路 80 號
電話：（07）531-0520
時間：週二至週五 10:00 ～ 22:00，
週六、日 09:00 ～ 22:00，週一店休

MARS 睦工場位在捷運鹽埕埔站 4 號出口處，整面的木作拼貼牆在老城區的街屋建築立面之間，充分展現引領潮流的 Loft 空間設計風格。

從外觀看上去十分新穎，但其實這裡也是由老屋改造的新空間。為了保持老房子原貌，露出的磚牆仍看得見 Made in Taiwan 的字樣；後院宛如天井的祕密基地，所有的建材皆以回收廢料為主，連用餐的桌椅也不例外，整個空間呈現一種中西設計的衝突美感，紅磚牆相對應木作吧台，黑色鐵架的壁櫃又是工業風慣用的手法，整個空間媒材面貌多元而不矯作。

在國外長大的老闆 Jimmy，將 MARS 睦工場打造成一處渾沌的場域，有手沖精品咖啡、紅酒、品茗、音樂會、影評分享會、復古家具、生活雜舖，甚至店中店等，讓空間自然發展，充滿實驗性質十分有趣。除了美式睦工場大早餐等早午餐料理，Jimmy 最拿手的經典漢堡，尤其自製道地的手工牛肉餅十分受好評，還有三明治、鹹派、義大利麵、燉飯等，同樣真材實料、口感出色。

1
2　3
4

1. 座落捷運鹽埕埔站 **4** 號出口處。2.3.4. 抱著輕鬆心情享用美式經典早午餐。

25TOGO Bright!

玩趣十足的年輕品牌

用燈泡杯裝手工冰淇淋。

位在駁二藝術特區對街之處，25TOGO 的 Bright! 旗艦店，常常是許多遊客來到此地的驚喜發現。25TOGO DESIGN 品牌囊括生活雜貨、餐廚衛浴、家具家飾、3C 周邊用品、文具、戶外用品等多樣化的商品類型。這個年輕的設計團隊從台北、台中一路展店到高雄，更有香港、韓國海外據點，而 25TOGO 高雄的旗艦店是品牌旗下唯一的獨立店面，並結合一樓義式冰淇淋及三樓的展演藝廊，形成一個複合式空間。

25TOGO 的商品設計向來與「有趣、好玩、令人開心」的訴求脫不了關係，因為團隊的設計理念秉持「我就是要這樣！」、「我要自己來！」的堅持，與小孩子般的固執，所以作品才能展現趣味。其中 WALKR SOCKS 星球襪最熱賣，近期有冰淇淋球襪、貓咪造型名片座、小飛豬造型紙鎮、德國品牌 Leschi 的狐狸枕等新品上市，天真童趣的設計風格實在令人愛不釋手。在 25TOGO Bright! 一樓的手工冰淇淋專賣店，用燈泡杯當作冰淇淋杯，令人覺得有趣的創意真是無所不在呢！

25TOGO Bright!

臨近捷運：鹽埕埔站
地址：高雄市鹽埕區大勇路 4 號
電話：（07）521-3242
時間：11:00 ～ 17:00

1. 熱賣的球襪，造型討喜。2. 遙遙馬手機座。3. 快來 25TOGO 高雄旗艦店挖寶！

特別企劃
KAOHSIUNG

駁二倉庫文創空間

駁二藝術特區是高雄最重要的文創基地，尤其高雄設計節自二〇〇八年創辦以來，更是將高雄一舉推向轉型設計之都。駁二藝術特區共有大勇倉庫、蓬萊倉庫、大義倉庫三大倉庫群，匯集吃喝玩樂各式文創品牌，沿著西臨港線自行車道周邊也橫生眾多巷弄小店，形成迷你版的散步地圖。

▲ 大義倉庫群集結文創品牌工作室。

▼ **Cheer for** 趣活駁二店結合設計師商品與趣活咖啡的旗艦空間。

開薪小豬。

PenGuin 起子工具組。

▲ 帕莎蒂娜駁二倉庫餐廳。

進駐駁二倉庫的店家不乏知名品牌，如微熱山丘、誠品書店等，或是 Cheer for 趣活打造台灣設計師商品平台的旗艦店。增加限地限定選品「好，的」微型工藝品牌平台，還有文具控朝聖地的禮拜文具房、本東倉庫商店，藝術家陳瑞明手工吉他、汽車藝術家夏祖亮打造的夏天藝術車庫、Danny's Flower 時尚花藝訂製，以及 POI 客製衣、繭裏子、言成金工坊、有酒窩的 lulu 貓雜貨鋪等設計工作坊。

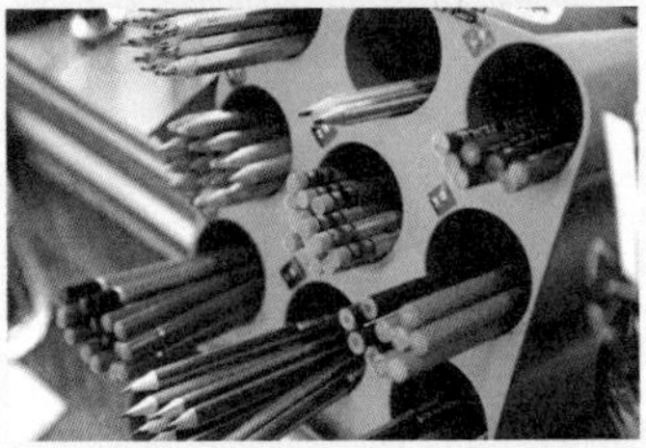

1
2
3

1.2.3. 禮拜文具房是文具控收集小物的大倉庫。

▲ 有酒窩的**lulu**貓雜貨鋪。

Cheer for 趣活好玩的設計真新奇。

禮拜文具房選品展現格調。

在工業風流行當道之際，倉庫美食、藝廊占有得天獨厚的空間美學，帕莎蒂娜駁二倉庫餐廳特別以1928之名紀念老糖倉，In our time催生全台首創的電台食堂，典藏駁二餐廳結合美食與藝術的饗宴，甚至將倉庫藝廊推廣到極致，就像火腿藝廊、未藝廊、伊日藝術都成為日常美術館。

1　2　3　4

1.2. 趣活咖啡推出珍珠鬆餅輕食點心。3. 帕莎蒂娜駁二倉庫餐廳的招牌披薩。4. 到 **In Our Time** 餐酒館小酌一杯。

倉庫裡的日常美術館。

串門文化藝術總監木殘的圖書館藏書。

▼ 有酒窩的 **lulu** 貓雜貨鋪，充滿生活感的博物館。

沿著昔日有「五金街」之稱的新化街，穿梭在駁二倉庫群之間，多多玩具店、nanoblock 南寶積木店、有豆袋店形成有趣的迷你小店商店街，25TOGO Bright! 年輕的設計團隊、PIN sstudio 金工藝術的新銳藝術家，將這裡變成創作者臥虎藏龍之地。

織織人67號

織品、雜貨、甜點的綜合小舖

小玉西瓜杯墊。

距離愛河東岸不遠的前金二街上，近來陸續有零星小店群聚在此，回想起當初織織人落腳老屋時，整條老社區街道只有「織織人」一家新店舖，「對照街坊鄰居的庶民生活，織織人常引來側目，」創辦人之一的孫佳暄笑著說道。

織織人是由佳暄、瑀蘋、浩旋三位織品系畢業的女孩，共同創立的織品設計工作室，由於以老屋為工作室基地，也因此在她們的創作裡，結合許多老屋元素，包括磁磚、花窗等圖騰，二〇一三年以織織人店面的老屋窗花設計織紋是她們的代表作，另外鹽埕窗花設計則來自傳統建築常見的「壽」字圖騰，緊接著在二〇一四和二〇一五年她們相繼以鳳山打鐵、旗津捕魚為題材，從高雄地域、文史脈絡與生活內涵汲取靈感，而二〇一六年，織織人選擇回歸到欣賞老屋的初衷，並以小房子書舖為形象印花。

在老屋裡的小角落，小小的壁櫃布置得淘氣，簡單的文創平台少了琳瑯滿目的生活雜貨，不過可以在這裡慢慢看、慢慢選：竹簍裡的水果杯墊、掛勾上的手提袋，最受歡迎的小玉西瓜系列作品，包括杯墊、零錢包等清爽設計，依然持續推出新品。

偶爾老屋裡會飄出咖啡香，因為織織人與小木屋咖啡共用超迷你的老屋空間，也把老屋二樓留作為藝文展覽所，小木屋咖啡的手工甜點和手沖咖啡，是許多甜點控的私房景點，有設計師背景的甜點師傅每天推出不同口味甜點，如香橙磅蛋糕、法式莓果瑪德蓮、莓果香草雪藏起司蛋糕、咕咕洛夫提拉米蘇風味，連手工甜點都有藝術氣息。

7 8 | 1 2 3 4 5 6

1.4.5.6. 繽紛的織品雜貨令人眼花撩亂。3.7. 小木屋咖啡一起共用店舖空間。2.8. 這裡也有展覽空間。

織織人 67 號

臨近捷運：市議會站
地址：高雄市前金區前金二街 67 號
電話：織織人 67 號（07）223-1051、
展覽空間（07）281-7330
時間：週二至週四 13:00 ～ 18:00，
週五、六 13:00 ～ 22:00，
週日 13:00 ～ 20:00，週一店休

甜點控的私房景點。

尋常小日子為生活加溫

東橋線：美麗島站－大寮站

用餐自備木食器是良好的生活習慣，
手作甜點、午餐，
搭配起來就是舒服的生活美學。
用陶食器給咖啡、茶品一個家，
研磨的單品、泡開的茶葉，聞起來特別香。
假日逛逛市民大道藝術市集，
閒暇午後，在巷弄小書店度過獨處的幸福時光，
如此美好的生活，簡簡單單。

❶ **Le Naturalisme** 裸體主義
❷ 就愛 **ze** ／就愛 **wei**
❸ 樂無事民藝陶器
❹ 日食生活 **today'sweet**
❺ 松鼠禾作舍
❻ 宇治．玩笑亭
❼ **My cofi**
❽ 阿貴食堂
❾ 啡拾光（高雄師大店）
❿ 小麥胚芽
⓫ **NiNi** 粘土創意市集
⓬ **Hacoya**
⓭ 緩食茶
⓮ **Vanilla Deer** 香草鹿
⓯ 小樹的家繪本咖啡館
⓰ **Dream Makers** 羊毛概念館
⓱ 雷老師香草舖
⓲ **Sia Mi Love u u** 夏米創意藝術坊
⓳ 有。野餐 **Picnic to go**
⓴ 那個家
㉑ 可萊歐小商行
㉒ **25** 巷 **3** 號 **caffe**

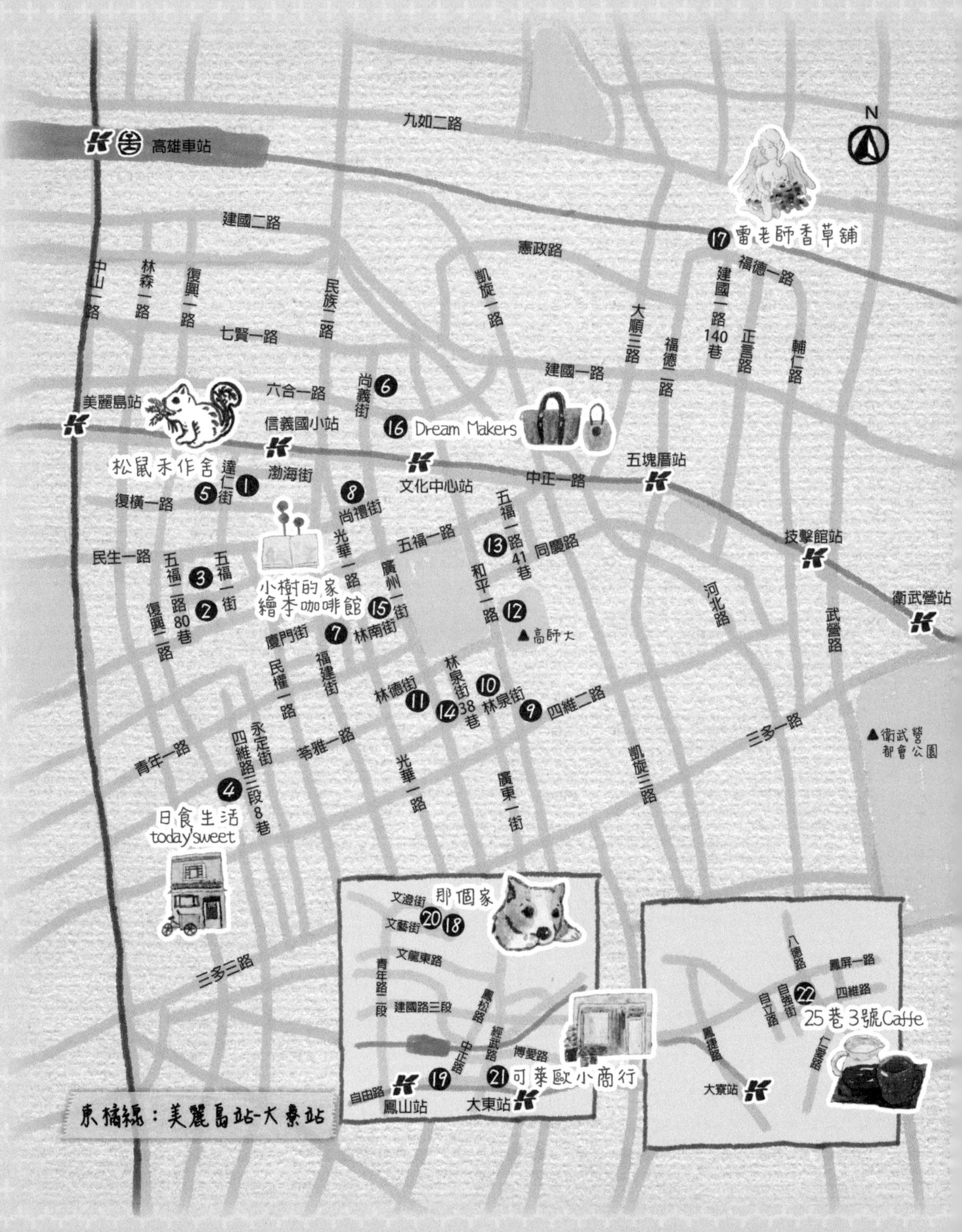
東橋線：美麗島站-大寮站
N
高雄車站
九如二路
建國二路
憲政路
17 雷老師香草舖
福德一路
中山一路
林森一路
復興一路
七賢一路
民族二路
凱旋一路
大順三路
建國一路140巷
福德一路
正言路
輔仁路
建國一路
六合一路
尚義街
6
美麗島站
信義國小站
16 Dream Makers
松鼠禾作舍
達仁街
1
5
渤海街
文化中心站
中正一路
五塊厝站
復橫一路
8
尚禮街
五福一路
13
五福一路41巷
同慶路
技擊館站
民生一路
五福二路
五福一街
3
2
復興二路80巷
光華一路
廣州一街
小樹的家
繪本咖啡館
15
和平一路
12
高師大
河北路
衛武營站
武營路
廈門街
7
林南街
民權一路
福建街
林德街
林泉街
11
14
38巷
10
林泉街
9
四維二路
三多一路
衛武營都會公園
青年一路
四維路三段8巷
永定街
苓雅一路
光華一路
廣東一街
凱旋三路
4
日食生活
today'sweet
那個家
文澄街
文藝街
20
18
文龍東路
青年路二段
建國路三段
鳳松路
經武路
中正路
博愛路
三多三路
自由路
19
21 可萊歐小商行
鳳山站
大東站
八德路
鳳屏一路
自強街
22
四維路
自立路
25巷3號Caffe
鳳捷路
仁愛路
大寮站

Le Naturalisme 裸體主義

抹茶控必訪的隱藏版裸茶屋

Le Naturalisme 裸體主義

臨近捷運：信義國小站
地址：高雄市新興區達仁街 88 號
電話：（07）222-8250
時間：10:30 ～ 18:30

手工製作的木梳精品。

據說這裡是抹茶控私下流傳必訪的口袋名單，若是為此而來，那麼眼前乍現的這棟日式老屋肯定是意外的驚喜，濃濃和風的日式平房被幢幢大樓包圍住，其實這棟一九四五年建造的日式老宅，至今已有七十年屋齡了。當兩扇木門打開時，望見日式庭院鋪上白色小石頭，紅色野點傘在陽光照耀之下，和庭前老樹相互輝映著，彷彿走進京都花見小路裡，在如此幽靜的日式老屋賣抹茶真是再適合不過了。

進駐老屋的裸體主義執行總監石易鴻說，Le Naturalisme 是法文，意思是回歸天然主義的創作精神，無論是食物內容、生活用品、甚至是藝術創作等，渴望追求裸食、原創，體驗原味、健康、反璞歸真的日子，也因此在石易鴻的裸茶屋裡，尋求的是日本抹茶的茶道內涵。

裸茶屋所使用的是京都擁有三百年抹茶製作經驗的「丸久小山園」，依照茶道步驟慢慢體會傳統抹茶的刷製過程，刷茶不是畫圓圈，而是透過W的動作擠壓空氣，讓抹茶的泡泡綿密。漸進式的茶香入喉回甘，而抹茶搭配的手工甜點同樣身價不凡，抹茶雪鹽生巧塔採用一〇〇%白巧克力製作，抹茶蜂蜜蛋糕則是使用有機蜂蜜與雞蛋完美組成，抹茶起司雪酪選用法國伊思尼（Isigny）奶油，每種甘物（甜點）都令抹茶控拍案叫絕。

其實石易鴻夫婦皆為工藝設計師，石易鴻擅長手工木梳設計，石太太則專攻珠寶設計，因此在店內能看到許多珍貴的木頭藏品，石易鴻笑說：「這裡原本是自己的工作室，但愈來愈多饕客為了裸茶屋而來，現在應該更像是複合式文創空間吧！」

5 | 1
2 3
6 7 | 4

1. 日式老屋。2.3.4. 讓人心情愉快的抹茶甜點。5.6.7. 手工木梳與珠寶設計的工作室。

傳統抹茶刷茶茶道。

環保生活手作木食器

就愛 ze ／就愛 wei

就愛 ze ／就愛 wei
臨近捷運：信義國小站
地址：高雄市新興區五福二路 80 巷 1 弄 1 號
電話：0931-960-379

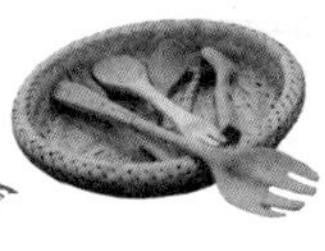

自己的食器自己做。

藏身在巷弄民宅間，木棧搭建的小平台放著大小不一的植物盆栽，仔細一看木棧板上的小標語寫著：「快樂的唯一方法就是停止抱怨，幸福的唯一方法就是停止不關心，心情愉悅唯一方法就是『手作木食器』」，短短數語透露出無比溫馨的生活態度。

圍裙是 Maggie 在工作室裡最常出現的裝扮，從事手作教學三年多，二〇一五年才著手成立個人工作室，Maggie 說因為一直有自己帶餐具的習慣，漸漸影響周邊的親友，讓她開始嘗試自己製作木食器，竟意外地受到喜愛，其實自備餐具的行動不僅是一種環保的生活態度，也能藉此教育孩子們學會自理，並培養良好的生活習慣。

在 Maggie 木作工作室裡，沒有大型機具設備，僅有一張木製的長桌、整齊有序的木椅、一座木塊拼接的吧台，牆邊的木櫃擺放著各式木湯匙，整個空間簡約又清爽，就像一進門感受到木頭襲來的陣陣清新香氣。在木工湯匙的材料上，Maggie 選擇台灣檜木，一方面由於檜木美麗的自然紋理，而且香氣持久不刺鼻，此外在製作時，Maggie 也提倡不上漆，所以在木湯匙原型細磨之後，直接刷上核桃油保護，相較於一般餐具清潔，檜木湯匙只要以衛生紙擦拭即可去油漬，同時能維持檜木原有的香氣。

「木食器本身就是一種非常具溫度的材質，而且用木食器吃飯時，常常予人優雅氣質的印象」Maggie 笑道。其實每種食物都可搭配不同的木食器，因此有了許多貼心設想，例如蘋果派之類的甜點就適合淺匙，還有一系列碗粿、米苔目、豆花、八寶冰、麻糬、麵線糊、肉粽、米糕等專屬食器；連外國人都喜歡買這些木食器當做伴手禮呢！

生活食器
等你來挖寶。

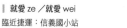

3 4 | 1 2
5
6

1.2.6. 各式各樣的木食器獨具巧思。3.4.5. 巷弄裡雅緻的木作工作室。

樂無事民藝陶器

巷弄裡的手工陶藝生活家

陶器別針。

訂製的咖啡杯。

1. 手拉胚的製程。
2.3.4.5.6. 躲在安靜巷弄裡的民藝陶器工作室。

走進樂無事的巷弄裡，非得走到店門前，才會看到門口掛著一幅藍色小布簾，足以想見這是多麼低調的生活態度、再平凡不過的生活日常，也與巷弄裡安靜的生活氣息分外契合。端看「樂無事」三個字，其實很少有人能發覺這裡藏了一間陶器個人工作室，唯有週末時，藍色小門敞開歡迎光臨，這時才使人感到如獲至寶的驚喜。

射手座的陶藝師鄧佳慧調侃自己性格孤僻，在創作時必須獨處，也不聽音樂，保持心安靜的狀態，所以她的工作室總是寂靜無聲。然而射手座勇敢又樂觀的特質是鄧佳慧的另一面。早期從事服裝設計工作時，她利用晚上進修陶藝，後來索性全心投入，先在高雄大樹瓷藝從學徒做起，準備轉換跑道，之後又前往日本瀨戶修習陶藝半年，親訪益子燒窯區，受到具有千年歷史瀨戶燒的薰陶而大感震撼，那一趟日本行令她眼界大開。

「當我要拉胚時，會想著今天做的器皿要裝些什麼內容，然後就會有形狀浮現在腦海裡了。」鄧佳慧如此形容自己的創作過程；從第一次素燒到第二次釉燒，只能等待時間慢慢來。除了學習日本藝術修身養性的沉澱哲理，鄧佳慧還偏愛製作日常用品，不講究裝飾造型，而著力於調配釉藥的實驗上，每個手作拉胚的形狀會有所不同，加上本身材質的自然紋理，成型的過程完

樂無事民藝陶器

臨近捷運：信義國小站步行 10 分鐘；
中央公園站步行 11 分鐘

地址：高雄市新興區五福二路 80 巷 4 弄 7 號

電話：（07）223-6571

時間：週六、日 13:00 ～ 18:00

全依賴手工，並不使用機器開模製造，這也是許多收藏家喜愛手工陶器的主因。

在她的作品中，流露濃厚日本陶器的文化涵養，在樂無事的一日一器裡，有時於湯町窯小鉢裝盛水果總匯，有時在因州中井窯飯碗添入胚芽米飯，有時以益子燒、白釉鉋工法製成的圓盤放上烤物，有時燒瓷杯喝杯氣泡水，陶器讓生活增添許多知性樂趣。

3 4 | 1 2

1.2. 歐式三輪車與老屋甜點屋相映成趣。3.4. 江舟航獨創的文學甜點。

日食生活 today's sweet

把甜點變成文學創作

越南口味的蛋咖啡。

甜點用料
大有來頭。

日食生活 today'sweet

臨近捷運：信義國小站
地址：高雄市苓雅區四維三路 8 巷 51 號
電話：（07）333-7599
時間：11:30 ～ 19:00，週一店休

擁有多重身分的江舟航——傑米（Jamie），是料理人、講師，也是作家，在藉由《土文青，洋菓子：書店頂樓的甜點師》一書認識他之前，其實很多人對傑米的甜點並不陌生。最初，傑米騎著歐式三輪車，穿梭在大街小巷、市集，載著迷你太陽餅、烤布蕾出道，後來進駐高雄「三餘書店」設立甜點工作室，並開始寄賣甜點，於是「書店頂樓的甜點師」從此就聲名大噪。

日食生活是傑米首度自創品牌的獨立空間，一樓規劃為甜食調飲、料理器皿、飲食書籍，二樓以舉辦料理教室、講座活動、主題私廚為主，傑米說，以前在工作室時，難有時間面對面與人互動，所以在這個實驗空間裡，他想要分享食物的故事，例如推廣小農農產品的料理及甜點課程、舉辦飲食相關的新書講座活動，以及傳承老味道的食譜計畫等等。

因為作家的身分，傑米的粉絲紛紛留意到日食生活的「文學甜點」，甜點以書名作為設計概念，如「再見柏林」的摩卡派、「小妖魔市」的酒漬果乾磅蛋糕、「杜斯妥也夫柯基」的南瓜奶油蛋糕、「少爺」的抹茶芝麻雙色蛋糕、「我的藍莓夜」的卡士達藍莓派。所謂的文學甜點並非是小說裡的具象內容，而是傑米閱讀後激發的創作靈感，就像讀了《杜斯妥也夫柯基》才知那是取自蔡琳森的詩集，南瓜奶油蛋糕沒有如同南瓜濃湯印象裡的橘紅色，唯有嚐了一口才恍然大悟那是南瓜的香甜味道；又或者利用抹茶與芝麻的顏色描繪日本作家夏目漱石《少爺》，暗喻書中主人公從青澀到磨合的種種轉變。

午後時光，選一款文學甜點，配上一杯《我是你的過境新娘》所發想而來的越南蛋咖啡，或一壺冷泡野放紅茶帶來一陣沁涼，拿起窗台上的書籍，慢慢享受蘊藏在味蕾裡的閱讀興味。

窗邊的老屋時光。

松鼠禾作舍

臨近捷運：信義國小站
地址：高雄市新興區復橫一路 148 號
電話：（07）226-6199
時間：11:00～19:00，週日店休

松鼠禾作舍

小社區友善環境的雜貨舖

來自花蓮，由自然農法栽種的小油菊茶。

「會取這個店名，是因為『松鼠』是我小時候飼養的小動物，有著美好的回憶，而且松鼠都有蒐集好吃食物的特性；『禾』就是指來自土地的作物。」松鼠禾作舍店主人陳怡君帶著一絲童趣的語調解釋著。原來之前她在書店任職，且曾負責兒童館事務，加上本身也喜愛閱讀兒童繪本，談吐間自然而然地流露了純真、童稚的情懷。

從捷運信義國小站3號出口步行約五分鐘路程，就可以看到這家迷你小店隱身在街屋民宅之間，主要供應友善環境的米穀蔬果、食品用品及書籍。不同於連鎖有機店的商業形象，這裡是個充滿人文溫度的個人小舖。怡君談到十年前她走訪愛知萬國博覽會，因此行在日本發現美秀美術館（MIHO MUSEUM）周遭的秀明農法，從素樸之中體會食物的真諦而大受感動，加上前些年因協助學校募書工作而深入偏鄉，得以接觸苗栗、花蓮、新竹、雲林等地的作物及農業議題，即便開店計畫從未在她的生涯規劃裡，但心中卻漸漸生成一個分享空間的雛形及想像。

在松鼠禾作舍，主要以自然農法、友善環境和家庭生活需用為選品原則，例如台中璞草園的清潔保養用品、花蓮好好吃飯的好米、西螺御鼎興的手工柴燒黑豆醬油，全都承載默默耕耘的在地故事。陳列架上也有一些日本食品雜貨及日文童書繪本，另外這裡的廚房提供午餐便當，使用的是店內販售的食材，怡君笑說，最初每天僅服務一組客人，讓人有VIP包場吃飯的趣味體驗，不過現在也提供外帶便當，但客人須自備便當盒，因為松鼠禾作舍堅持不使用污染環境拋棄式紙盒。

1　2
　　3

1. 民宅裡的雜貨舖。2.3. 松鼠禾作舍有良食、繪本。

宇治・玩笑亭

甜而不膩的抹茶蜜紅豆霜淇淋

這是高雄在地人才知道的隱藏版霜淇淋店，在騎樓下的小間路邊攤，自己搭建的黑色小吧台，圍起小木棧平台，最多只有兩人座位，然而平時這裡卻總是出現排隊人龍，這番景象彷彿路過的民眾都習以為常了。

即使是路邊攤，「宇治・玩笑亭」散發出濃濃的日本風設計，小小的吊牌寫著定休日：月曜日（週一）、火曜日（週二），吧台上擺放迷你版石磨，木茶盤端上白竹茶刷的日式茶具，嚕嚕米家族小玩偶調皮地坐在吧台前，看起來又像是可愛的童話故事小木屋。

這裡標榜的是手作抹茶甜點、日本水果甜點，每天都會推出兩種口味霜淇淋，其中一款必定是招牌的宇治抹茶聖代，配料加上手作蜜紅豆。張老闆當初為了開店，親自在產地試過近二十種抹茶，最後青睞以高品質聞名的京都宇治伊藤久右衛門，抹茶自然翠綠的顏色相當具有療癒感，濃郁的香氣芬芳久久耐人尋味，最推薦抹茶控的就是「抹茶1＋1」，一杯特濃抹茶拿鐵與一碗傳統手刷抹茶組合，張老闆強調濃茶採用初鹿鮮乳調和，傳統手刷抹茶還會附上伊藤久右衛門KitKat茶點。

以抹茶變化口味創意多，雪鹽牛乳口味灑上抹茶鹽是張老闆在日本取經發現的好味道；薄茶加入鮮榨檸檬調配的抹茶雷夢，是適合夏天清爽口感，還有沖繩黑糖、丹波栗子、日本蜜柑、日本柚子酒也都是老闆情有獨鍾的日本風味喔！

宇治・玩笑亭
臨近捷運：文化中心站
地址：高雄市新興區尚義街 148 號
時間：12:30 ～ 22:00

1. 路邊隱藏版的霜淇淋店。2.3.4. 抹茶 1+1，體驗傳統手刷抹茶。

My cofi

風靡味蕾的立體拉花咖啡

拿奶泡當畫布，咖啡油脂、巧克力醬、果醬作顏料，看著老闆張桂芳神情專注，手肘懸空，信手拈來，一匙一勺慢慢堆砌出立體臉龐，一筆一畫勾勒出唯妙唯肖的表情，尤其眼神之逼真，令人愛不釋手，不知該如何喝下第一口咖啡。

這身功力的養成，總是客人們好奇的話題，其實張桂芳雖是半路出師，但真得歸功於當初美容科畢業、在補習班擔任彩妝講師的生活經歷。店門口擺放當年起家的行動咖啡攤，在那個咖啡文化還不成氣候的年代，她就主賣手沖精品咖啡和義式咖啡，一路堅持下來就是八年光陰，因此不難理解老闆泰然自若、雲淡風輕的神情背後，有著堅強韌性和對咖啡巨大的熱情。

在張桂芳擺攤八年之後，這家 My Cofi 終於誕生了。「那時候正巧看到一張咖啡的立體拉花圖片，我就靈機一動想要試試看（創業）」，這一試開啟 My Cofi 的立體拉花咖啡之路，任君指定的客製化選擇，好評不斷，甚至曾因媒體報導效應，生意一度多到

這咖啡可愛得令人捨不得喝啊！

My cofi
臨近捷運：文化中心站
地址：高雄市苓雅區廈門街 19 號
電話：（07）222-0101
時間：08:30～18:00，週四店休

5 6 | 1 2 3 4

1.2.3.4. 令人超期待的咖啡立體拉花。
5.6. **My cofi** 也是從擺攤起家。

讓她想任性地拉上鐵門休息。儘管如此，張桂芳始終未曾忘記初衷，迄今仍堅持自行手工挑豆、烘豆、再挑豆，耗時費力的製作過程，只為給客人一杯極致品味的咖啡。

總是滿口咖啡經的張桂芳，樂於與客人分享咖啡的各樣知識，如何成就一杯好咖啡，又如何品嚐一杯好咖啡，聊到開心處，甚至免費請客人品嚐一杯。讓人感受到這位謙和老闆致力推廣的，不僅是她所熱愛的咖啡，也是一種生活的品味，以及張桂芳自己的咖啡人生。

從便當店變成
日式食堂。

阿貴食堂

迷你食堂裡的手作料理

阿貴食堂

臨近捷運：文化中心站
地址：高雄市苓雅區尚義里尚禮街 22 號
電話：（07）225-8633
時間：11:00 ～ 14:00、17:00 ～ 20:30，週二店休

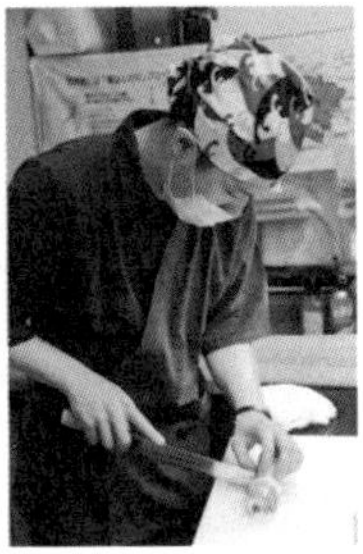

2 3 | 1

1.2. 阿貴食堂的空間非常迷你。
3. 小老闆許明宇擅長壽司生魚片。

從阿貴食堂外觀來看真的頗有日本街頭小居酒屋的生活氣質，這間極迷你的食堂，約莫只有四坪大，吧台的座位，以及兩、三張小木桌，彼此緊鄰的距離，在聊天當下，總顯得人氣熱絡。阿貴食堂開店八年了，其實前五年賣的是中式便當，現在的壽司、丼飯都是轉型後才販售的餐點。

吧台裡的年輕師傅綁著頭巾、穿著日式壽司服，熟練地拿著生魚片刀準備食材，他就是老闆阿貴的兒子許明宇，當初也是因為他學的是日本料理，退伍後食堂的菜色才有了改變。

阿貴食堂原本供應定食、壽司、丼飯，最近也開始賣拉麵，從開店以來都是由阿貴老闆親自採買食材，最推薦的牛排丼嚴選美國翼板牛排，淋上自製烤肉醬汁，牛排丼、炙牛肉飯講究原味鮮嫩度；牛小排蓋飯則要將牛小排事先醃製，再經過小火煎烤等多道工序，才能將牛小排的油脂煎出焦香味，非常下飯。店裡壽司全由小老闆許明宇負責，繽紛捲集合四種鮮魚，多樣化的口味對嗜吃生魚片壽司老饕正中下懷。

從最初的壽司、丼飯，到現在的拉麵，阿貴老闆對於研發料理在精不在多，豚骨拉麵沒有化學添加物及雞精粉，全以大骨蔬菜熬煮四個小時，濃郁的湯頭連日本客人都愛喝，甚至阿貴老闆為此決定自製的麵條，完全使用純麵粉，幾經反覆揉捏才有Q彈的口感，讓人頻頻稱讚能吃得安心。

綜合四種生魚片口味的繽紛捲。

啡拾光（高雄師大店）

舊宿舍閒置空間變身美學角落

咖啡店座落高師大美學角落，一群白色羊咩咩在樹叢玩起躲迷藏，一整排的老房子外牆蓋上郵戳印章，門口前方的紅色郵筒反而顯得一枝獨秀，如此童趣的美學角落，真有令人享受猶如散步歐洲街頭的悠閒情趣。其實這排老街屋是高師大五十年舊宿舍的閒置空間，由啡拾光與高師大藝術學院產學合作，重新設計、規劃打造富含人文藝術氣息的咖啡文創空間。

四個房間打通形成任意門走道，三角形屋頂、磨石子地板、紅磚牆留下了老建築的歲月靈魂，鐵件家具、木作吧台、樑柱、沙發背牆，時下復古工業風與Loft風設計交錯其間，賦予舊建築新的設計感，營造出有別於古典歐洲的懷舊氛圍。

啡拾光從Logo設計到裝置藝術，都以可愛的小羊作為視覺焦點，這個品牌幸運物其來有自。相傳十六世紀時，牧羊人卡迪發現自己飼養的羊群，吃了一種紅色果實後變得活蹦亂跳，於是他自己試著吃了幾粒，也像是充電般地活力充沛，而這個紅色的神奇果實就是咖啡果，店長笑說：「當初啡拾光高雄師大店開幕時正好是羊年，那一整年都喜氣洋洋。」啡拾光咖啡團隊由自家烘豆師把關烘豆品質，除了低咖啡因的義式精選、精品莊園咖啡，也有限量冰滴咖啡可品嚐。

手作、原味、新鮮烘焙是啡拾光最在乎的事，所以在這個美學角落裡，他們不定期會舉辦有機市集，也開辦手作教室，讓這裡變成分享生活的好所在。

啡拾光新鮮烘焙的手沖咖啡。

3 4 5 6 | 1 2

1.2.3. 高師大有五十年歷史的舊宿舍，改造成美學角落。4.5.6. 精緻的拉花咖啡、番茄乳酪鹹派好好味、啡拾光出品的黃金曼特寧掛耳包。

老屋挑高空間
結合藝術展場。

啡拾光（高雄師大店）

臨近捷運：文化中心站
地址：高雄市苓雅區四維二路 88 號
電話：（07）751-7700
時間：09:00 ～ 22:00

小麥胚芽

巷弄早午餐與生活雜貨

門口停放小摺單車，是小麥店長的日常生活樣態，人如其名般一派自然。小麥胚芽在巷弄社區裡，整間店擁有一種小清新的生活情趣，小小的吊牌掛在大窗邊，小院子裡放了一塊小麥胚芽圓木板，窗邊的木作小陽台上，粉紅小花、小草被陽光照得一片亮綠，好似遠遠看著窗邊的小荳荳，散發簡單的幸福。

小麥胚芽當初落腳高雄師大校園附近巷弄間已逾

小麥店長愛手作。

可愛的名字。

小麥胚芽

臨近捷運：文化中心站
地址：高雄市苓雅區林泉街 16 號
電話：（07）715-2636
時間：週二至週日 09:00 ～ 17:00，週一店休

2 3 4
5 | 1
6 7

1.2.3. 位在學區巷弄裡的清新小店。4. 麥雜貨。5. 不妨在窗邊讓七矮人陪你一段午茶時光。6.7. 早午餐配上咖啡。

七年，小麥店長說：「我很喜歡巷弄裡的小幸福。」所以整個空間的設計都出自她的想法，尤其窗台設計是小麥胚芽的氣質所在，窗台邊的七矮人玩偶，愛生氣、瞌睡蟲、害羞鬼、糊塗蛋、萬事通個個逗趣。小麥店長喜愛蒐集老件生活用品，學生課桌椅、老藤椅、皮箱、鐵桶、咖啡豆麻布袋，在店裡全都變成環保再利用的設計良品。

因為「麥雜貨」的布置，讓整間店看起來更有溫馨的鄉村風，乾燥花束、手工布包、餐盤、咖啡杯，偶爾逛逛生活雜貨就能挖掘新品，在這裡處處都能感受手作帶來的生活樂趣，像是將DIY耳掛咖啡包明信片寫好，小麥店長就會幫你寄出去，就連紙袋都一張張親手印上「日日是好日」。

幸福的一天就從早午餐胚芽餐、小麥餐開始，樂活沙拉搭配蜂蜜檸檬醋、特調水果風味醬、芥末酸黃瓜醬，咖哩飯以自製咖哩醬搭配白米和胚芽米，手作餐還有義大利麵。自家烘焙義式咖啡豆，推薦嚐嚐炭燒味重的小麥胚芽咖啡，店內滿滿的手作溫度傳遞溫暖和祝福。

濃純香的阿薩姆鮮奶茶。

黏土創作手作雜貨
NiNi 粘土手創館

隨意發揮創意的黏土飾品。

NiNi 粘土手創館

臨近捷運：文化中心站

地址：高雄市苓雅區廣州一街 139-2 號

電話：（07）713-7096

時間：週一 14:00 ～ 22:00、週二至週六 18:30 ～ 22:00、週日店休，NiNi 動物園二館週四至週日 09:00 ～ 17:00

手創館位於高雄市立文化中心側門對面的廣州一街上，小小的店面包夾在各種商店之間，不過一眼望去就能留意到這間與眾不同的鄉村風小店。小吊板一塊塊寫著實用髮飾、手機吊飾、Key圈、項鍊、手鍊、Cute布偶，就連門口的小木屋信箱都顯得可愛極了，原來這間店是黏土生活雜貨舖。

隔著櫥窗就能看見琳瑯滿目的小飾品，每件都是NiNi親手自製的作品，蘇彥慈當初以自己英文名字NiNi成立工作室，娃娃臉的NiNi其實已經從事樹脂黏土創作二十多年了，攤開滿滿一桌子的街頭藝人證，原來她也是第一屆高雄市街頭藝人。以往在高雄市立文化中心市集駐點，也在夜市擺攤過，目前在壽山動物園開闢了NiNi浪漫小屋，並可現場體驗手作教學。

「人因夢想而偉大」，蘇彥慈談及自己的人生，用這句話輕描淡寫地自我註解一番。她小時候在工藝課發現玩樹脂黏土是自己的興趣，因此最初是以民俗技藝捏麵人入行，後來日本樹脂黏土引進，又喚起她對黏土的熱愛，也從此變身為黏土藝術家。

無論是耳環上的迷你甜甜圈，或是婚禮蛋糕上的幸福人偶，蘇彥慈都能展現細膩的巧手。她有著巨蟹座女孩溫暖的特質，創作主題時常圍繞童趣的卡通、繽紛的花朵，正因為「心中有愛」，她才一直秉持這個信念進行創作。

2 3 4 | 1
5
6
7

1. 鄉村風格的店面。2.7. 蘇彥慈是高雄市的街頭藝人。3.4.5.6. 琳瑯滿目的黏土手創的作品。

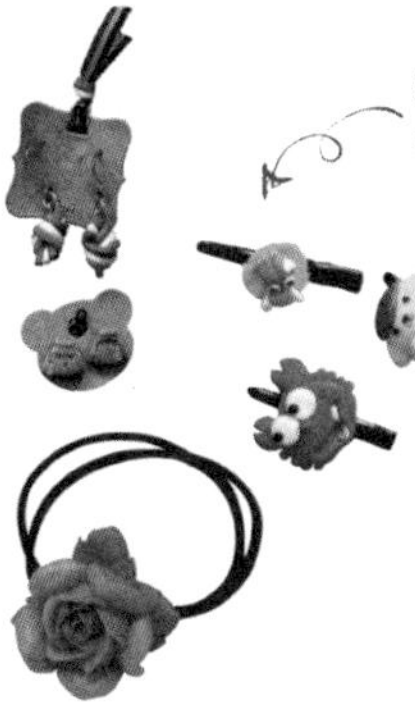
造型可愛的黏土髮飾。

Hacoya
臨近捷運：文化中心站
地址：高雄市苓雅區和平一路 116 號
（高雄師範大學校區內）
時間：週一至週四 12:00 ～ 17:00

Hacoya
日本古雜貨與仿舊木作工作室

經典的明治牛乳木盒老件。

高雄師範大學校區內正好有一個空間，這是當初創辦人 Aki 決定 Hacoya 小店安身的所在。其實在這間生活雜貨實體店舖成立前，Hacoya 一直是以市集跑攤為主，現在 Aki 有了工作室，平時可專注自己的仿古木作，假日依然繼續帶著仿舊木作作品遊走北、中、南各地生活市集，簡簡單單過生活。

鐵花窗上掛著簡單的白色帆布，寫著 zakka shop，zakka 是日文「雜貨」的意思，Hacoya 小店主要以日本古雜貨居多，擺設簡潔素雅，如同日本小店舖給人溫文儒雅的鄰家氣質。Aki 每年都會進行二至三次日本市集旅行，尤其對京都古城特別喜愛，相較坊間日貨舖流行的生活用品，Hacoya 蒐集的物件更著重人文內涵，不僅有工具箱、收納箱、文具、玩具、布包，桌面上整齊放置可攜帶式活版印刷機、明治牛乳盒，都是老一輩人的生活記憶，甚至 Aki 也會在古書市逛逛，像是《暮しの手帖》（生活手帖）、《雜貨カタログ》（雜貨圖鑑）都是喜歡雜貨的人必買的刊物。

Aki 說，日本人很惜物。其實這種生活文化也在她自己身上看得到，她最初的木作設計多以台灣檜木餐具以及松木家具為主，近兩年已完全投入仿舊的木作創作上，包括客製小黑板、刷上塗鴉字體等，把新的木器變成舊的，打磨出粗糙感，再一層一層上塗料，除了紮實的木工基礎，創作者本身還要多一些想像力。此外，同名商品還有 Hacoya Bag 系列手作帆布隨手包，偶爾也會在市集亮相。

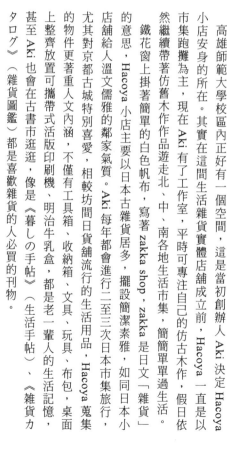

6 7 | 1 2 3
8 | 4 5

1.4.7.**Aki** 擅長仿舊的木作創作。2.3.5. 這裡有許多日本古雜貨的商品。6.8. 店址座落於高師大校區內。

緩食茶

感受半百老屋的懷舊年代

緩食茶

臨近捷運：文化中心站
地址：高雄市苓雅區和平一路 144 巷 33 之 3 號
電話：0981-785-928
時間：11:00 ～ 20:00

日式陶燒料理有泰式酸辣、韓式泡菜、京都壽喜燒等多種口味。

主廚的私房餐。

2 3 4 | 1
5

1.2.3.5. 高師大周邊巷弄的老屋情懷。4. 福爾摩沙冷泡茶。

小學生作業本真令人懷舊。

從高雄市立文化中心側門的市民藝術大道，往和平一路的小巷道漫步前行，僻靜巷道裡彷彿瞬間與世隔絕，緩食茶店長皮耶笑說「很多人來這裡常常會迷路」。緩食茶所在的老屋正好面對一座社區小公園，周邊還有柑仔店、冰果室傳統小店，相對偌大的文教學區，這些屬於舊年代的生活方式真的令人回味難忘。

二〇一一年，皮耶與一群朋友合力打造這間懷舊小館，勾勒出復古的時光記憶，這棟近半百屋齡的老屋還保留完好樑柱，磨石子牆壁也不刻意掩飾歲月刻畫的風霜，老眷村廢棄的樓梯、門板各自形成書櫃和茶几，老教堂的木椅、老旅社的沙發椅、檜木櫃充滿了生活的溫度。

老屋後方竟還有一處小密室，原來這是以前冰果室的冰庫，皮耶突發奇想改造成書房，房間裡放了一台小學教室的古董風琴，書櫃裡擺滿漫畫書，常常會有客人在這裡重溫童年往事——坐在小學生桌椅上看經典漫畫、聽著留聲機的民歌金曲，忘我地陶醉在屬於自己的年少情懷。

喜歡老玩意的皮耶賣的飲料也很老派，用黑松汽水杯子喝福爾摩沙冷泡茶，鐵壺高山茶、養生茶等，連年輕人都喝得津津有味；古早味鮮檸紅、麵茶牛奶、杏仁飲更是復古正當道。既然要符合「緩」食茶的生活步調，不妨來一客日式陶燒，慢慢品嚐廚房裡現煮的手作義大利麵，還有自家私廚製作的磅蛋糕也是推薦「良食」喔！

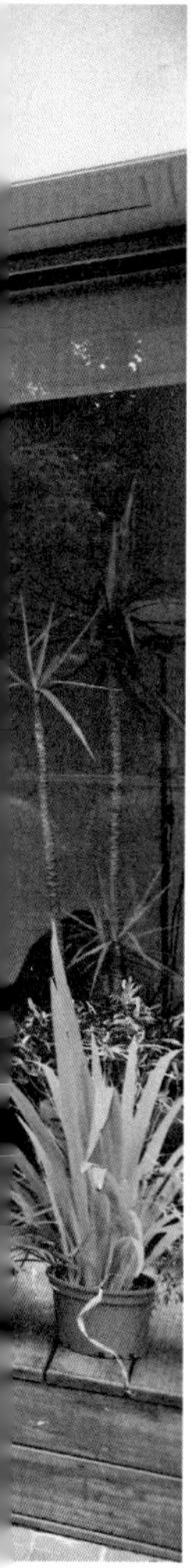

4 | 1 2 3

1.4. 巷弄落地窗臨望街頭風景。2.3. 主廚會採摘香草及嚴選小農作物入菜。

新鮮香草蔬果手作料理

Vanilla Deer 香草鹿

南台灣的溫暖陽光，在冬日裡更是舒服宜人。早上伸了伸懶腰起床，正好適合一份搭配咖啡的早午餐，迎接美好的晨光。香草鹿位於高雄市立文化中心南面的巷道裡，這裡的生活圈本來就富有濃厚的文教氣息，加上香草鹿所在位置周圍也以住宅大樓居多，雙併門面的整面落地窗反而變成街景特色，香草鹿店長邱永健平日不忙碌時，最喜歡坐在落地窗邊角落的座位，看看書、喝咖啡，放鬆自己。

木棧廊道上的香草植物點綴出街道綠意，就像香草鹿的名字，充滿輕盈活躍的自然想像，從香草衍生許多特色料理，嫩煎香料腿排佐法式燉菜、香料雞腿排沙拉、香料雞腿排咖哩飯、番茄羅勒嫩雞義大利麵。主廚隨手就能摘取自家門口的迷迭香、薄荷葉、百里香等新鮮植物入菜，美味的異國風味料理搭配清新香草氣泡水或原汁萃取的鮮果汁，均衡營養吃得好健康，店內的義式咖啡採用中深焙咖啡豆，愛喝咖啡的人也能選擇手沖咖啡。

在屏東經營傳統早午餐店的邱永健說，當初香草鹿就是以全新設定手作料理的概念，他完全拋開既有的老店主廚包袱，足足費時三個月研發菜色，喜歡做料理的他從嚴選食材、調製醬料到盤飾設計全都一手包辦，包括使用Barilla義大利麵、一〇〇% pure橄欖油，並搭配健康的糙米飯，若要主廚推薦料理的話，「水果莎莎松阪豬」是他百吃不膩、絕對首選的手路菜。

在VIP沙發座舒服享受美食時光。

清爽的空間讓人
悠然自得、放輕鬆。

Vanilla Deer 香草鹿

臨近捷運：文化中心站
地址：高雄市苓雅區林泉街 38 巷 7-1 號
電話：（07）721-7330
時間：09:00～16:00，週三店休

小樹的家繪本咖啡館

一起來讀繪本聽故事

到小樹的家喝
小樹咖啡。

小樹的家繪本咖啡館

臨近捷運：文化中心站
地址：高雄市苓雅區林南街 16 號
電話：（07）222-6161
時間：12:00 ～ 19:00，週六、日 10:00 ～ 18:00，
週一及每個月最後一個週日店休

讓孩子們快樂閱讀。

「小樹的家是一個有很多繪本的咖啡館，希望透過這個空間能夠讓零至九十九歲的人都有機會被繪本照顧、滋養。」小樹媽許瓊文似乎很習於說明經營型態，耐心地解釋著。關於大眾的誤解，猜想是因為從落地窗看進去，總有大人小孩一起互動，於是乎理所當然地被視為親子空間。不過話說回來，小樹的家確實陪伴許多大人、小孩共同成長的時光，不知不覺間，小樹的家已經七歲了，小樹雖然沒有變成大樹，但這個家依然那麼溫馨，和在巷弄裡第一次見到的印象一模一樣。

趁著吧台裡的工作告一段落，瓊文隨手從書櫃上拿出一本繪本，「四點半……」聽著她用台語朗讀書裡的內容，當下莫名讓人覺得分外親切，闔上書之際，她又特別提到「這本書讓一位七十多歲阿嬤，找回自己兒時的記憶」。從大人的角度談繪本，每個人可能會獲得不同的心理療癒，譬如在生活中難以啟齒的事，《一家三口》就是以真實故事改編的同志題材、《好好照顧我的花》以隱喻的手法面對愛情的難題，繪本其實是將嚴肅的議題轉化，讓大家更容易接受，瓊文說：「當大人理解繪本，就會站在小孩的立場，理解小孩的想法，這些都會讓孩子的成長經驗更加美好。」

滿滿的繪本書牆讓整個空間充滿生活溫度，這裡的繪本收藏相當多元，每一本都是瓊文親自挑選，廣納各式種類，也涵蓋各個國家。當孩子們閱讀繪本時，大人們可以喝杯小樹咖啡，如此悠哉、如此難得。

3 | 1
4 5 6 | 2

1.2. 適合親子共遊的繪本咖啡屋。3. 巷弄裡的「小樹的家」，陪伴了大家七年的時光。4. 小樹媽特別推薦的戚風蛋糕。5. 來看看展覽吧！ 6. 說故事時間到囉！

Dream Makers 羊毛概念館

純手工製羊毛包夢想品牌

選一個屬於你的幸運色零錢包。

Dream Makers 羊毛概念館

臨近捷運：文化中心站
地址：高雄市新興區尚義街 136 巷 57 號
電話：（07）225-5608
時間：12:00 ～ 20:00，週日店休

個人品牌工作室隱身在巷弄裡，通常可以隱約顯現創作者低調的個性，Dream Makers 櫥窗造景簡單俐落，平時設計師鮮少現身，恰恰符合了這類型設計師的性格。當初會走上自創品牌這條路，其實只有一個很簡單的想法，就是實踐夢想，由於創辦人 Mia Liu 的夢想是「與朋友一起工作」、「打造一個專屬的品牌」、「製作精緻的手工品」，就這樣約了身邊的朋友，憑著膽識展開一連串創業之路，打造屬於自己品牌的手工羊毛製品。

當時選擇羊毛材質非常具挑戰性，因為台灣炎熱氣候，羊毛向來不是大眾廣為接受的材質，且不易打入市場；即便羊毛設計商品的市場未飽和，相對的機會增大，但初期他們對羊毛技術未臻純熟，這一路上是再三不斷地嘗試，才換來苦盡甘來的成果。

基本上，深色羊毛包都是百搭款，由於羊毛每季自然的原色會隨天候、地理條件有所變化，可呈現設計最純粹的質感，加上羊毛本身塑形不易、高防水的特性，羊毛製作包款的工序也較精細、費工。

在這一季設計上，設計師偏好極簡與低調的風格，手機包、手機袋採取將羊毛一體成型的無縫設計，船型化妝包、水桶包、小肩包經典款依然熱賣，另有訂製款如吊鐘燒鑰匙包、輕石頭羊毛鑰匙圈、無辜熊髮球、日式水玉髮球等飾品配件。除了羊毛設計，Dream Makers 品牌還有冷製手工皂、精油防蚊液、汽車香氛罐等天然生活日用品。

奇異鳥針氈超級可愛。

圓點點的經典色系髮球。

3 | 1 2
4
5
6

1.2.4.6. 羊毛包款式百搭各種造型。3. 工作室隱身在靜謐的角落。5. 這裡也有販售冷製手工皂。

▲ 質樸耐看的生活食器。

My cofi 咖啡的
立體拉花栩栩如生。

特別企劃 9 KAOHSIUNG

來一趟生活手作與書店巡禮

高雄市立文化中心是許多文藝活動交流的舞台，一直以來屬於文教區的生活圈，從市民藝術大道上的文化中心藝術市集、四維國宅散步計畫以及微風市集，讓人自然而然走出戶外逛街去，相較那些觀光特區商店街的綿密網絡，文化中心附近的生活手作與書店像是左鄰右舍，這裡的手作教室、手作料理特別地盛行。

先從吃的談起吧！出自藝術家、作家創作的手工甜點出人意料之外，Le Naturalisme 裸體主義木梳設計藝術家石易鴻、日食生活 today's sweet 的「書店頂樓的甜點師」傑米（Jamie），各自以抹茶手工甜點與文學甜點打響名號。My cofi 知名咖啡師張桂芳，手作的立體拉花咖啡幾乎無人不曉；林泉街裡的木葉粗食推廣純素裸食手作、sika teahouse 千層蛋糕手作極品、小麥胚芽手作輕食早午餐、Vanilla Deer 香草鹿的香草料理，在在都是集巷弄美食之大成，高師大美學角落啡拾光更是把手作美食、美景融合在一起。

想要逛逛手作教室或工作室，「就愛ze／就愛wei」的環保生活手作木食器、Hacoya的日本古雜貨與仿舊木作工作室，分別屬於兩種木作愛好者的風格類型；樂無事民藝陶器、NiNi粘土手創館、Dream Makers羊毛概念館都是低調控的代表。最後偷偷告訴你，其實巷弄最美的風景是獨立小書店，左轡二手書店、小樹的家繪本咖啡館、松鼠禾作舍友善環境的米穀蔬果食品、用品及書籍，等待相遇知音人！

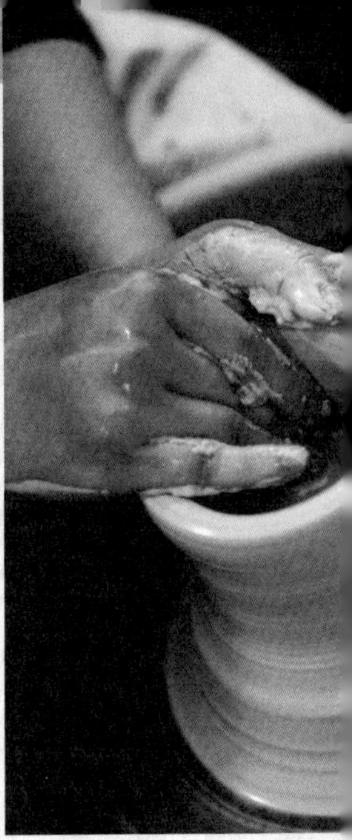

▲ 樂無事民藝陶器工作室體驗手

1
3
2
4

1.NiNi 粘土手創館的可愛飾品。
2. 手刷抹茶。3.4. 木作湯匙。

手工木梳質感精緻。

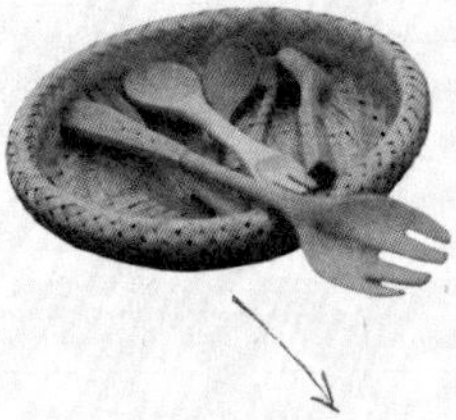

就愛 **ze** ／就愛 **wei** 有各種台灣小吃專屬木食器。

雷老師香草舖

香草達人的私廚料理

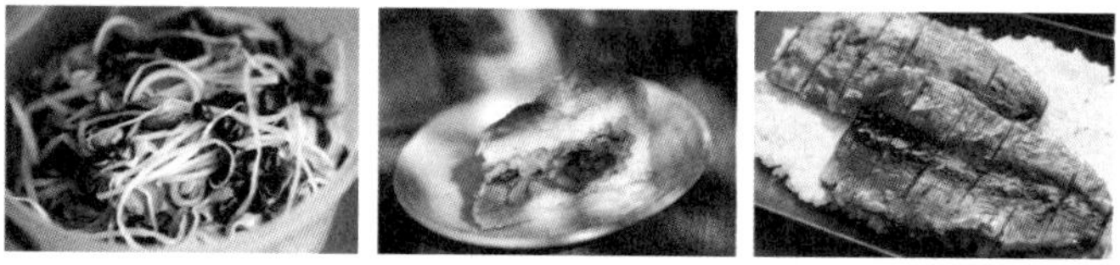

1.2.3.4.5.6.7. 沒有預約吃不到的私廚料理。8. 位在郊區的香草園。9.10.11. 雷老師親製的手工醬、香草茶包。

這不是山中雲深不知處的世外桃源，而是在城市郊區巷弄裡的香草園，滿園植物自成一片圍籬，相對於周遭老社區建築顯得神祕十足，倒是每到用餐時間，陸陸續續有人到訪，即使因地處隱蔽，祕密客仍川流不息。

雷家羚從事香草研發二十多年，在香草料理界人人稱她「雷老師」，由於雷老師長期致力於推廣有機飲食，無論家常小菜或外賣年菜，都有為數眾多的忠實老主顧。聽雷老師「說菜」可以增長見聞，例如運用自家農園種植收成的芭蕉，先炊熟再去皮，以簡單胡椒、香菜調味即可，由於青香蕉可抑制糖分吸收，多吃有益健康；時下養生保健食材推薦薑黃油，它可拌飯、拌麵，有助於新陳代謝。

若想吃到雷老師的私廚料理可得預約才行，除了擁有媲美總舖師的好廚藝，雷老師為了呈現料理最完美的境界，甚至還會自己設計烹飪用具，像是窯燒蹄膀豬腳的窯爐可以做到完全悶燒，讓窯燒料理更能展現風味。此外，蹄膀豬腳選用山豬肉，蹄膀豬腳膠質入口即化，鹽焗雞更是指定台東鹿野放山雞養足十五週，以海鹽鋪底焗鍋蒸煮約一小時，雞肉肉質帶有天然鹹味。

雷老師笑說：「我們家香草園最大眾化口味反而是野菜火鍋，以紅蘿蔔、南瓜、地瓜、紅麴自然發酵湯底，搭配自家香草園一大盤的無農藥蔬菜，營養、健康一兼二顧，」飯後甜點上桌，再配上一壺新鮮香草花茶，正適合輕鬆愜意的下午茶，逛逛香草園，難得浮生半日閒。

雷老師正在照顧
香草園小教室。

雷老師香草舖

臨近捷運：技擊館站
地址：高雄市苓雅區福德一路 222 號
電話：0932-734-377
時間：11:00 ～ 21:00，週一店休，須預約

鄉村雜貨手作教學

Sia Mi Love u u 夏米創意藝術坊

Sia Mi Love u u 夏米創意藝術坊
臨近捷運：鳳山西站
地址：高雄市鳳山區文藝街 66 號
電話：（07）767-8859

發揮想像的歐洲彩繪。

此處小南法鄉村風的空間設計，是出自夏米創意藝術坊創辦人洪嫦儀之手，尤其白色的牆面搭配藍色的窗框，地中海建築印象矗立街屋之間，彷彿是歐洲街頭流露濃厚人文風情的悠閒步調，不過洪嫦儀笑說「我們家經常被誤認為是咖啡館、異國料理小餐館」。

進入夏米創意藝術坊更是精彩，滿室鄉村雜貨使人躍躍欲試，餐盤上、面紙盒、木郵箱、相框各式各樣手工彩繪，號碼櫃上的花器、工作桌上的花束，牆上的咕咕鐘、聖誕花圈、琉璃花窗、酒瓶壁燈、金箔油畫創作等形形色色，宛如裝置藝術般的家居生活布置，這裡面所有手工藝都是夏米創意藝術坊的手作教學，類型豐富又多元。

洪嫦儀本身是美國 Traditions 世界傳統國際彩繪講師、澳洲 Decoupage 國際課程講師，除了自己專長的歐洲彩繪、蝶古巴特（Decoupage）教學、歐風精品家飾設計訂製等藝術創作，她在藝術坊還舉辦許多手工編織、水彩插畫、金工木工、酒瓶燈、仿真黏土食堂料理等生活工藝課程。

有了花器，就想學做花藝。

每當在職訓局開班授課時，洪嫦儀總會以自身經歷，積極鼓勵二度就業婦女擁有一技之長；十多年前她因家庭因素辭掉穩定的公務員工作，反而讓她從小具備的美術天賦獲得發展的機會，甚至參與國際師資、國際裁判認證的訓練；如今洪嫦儀一身十八般武藝，正如她所言：「學習自己喜歡的事情，就是投資自己。」

1 2
4 3

1.2.3. 餐盤花器充滿歐洲鄉村風。4. 藝術坊常被誤以為小餐館。

在藝術坊舉辦創意手作課程。

1 2
3 4

1.2. 圍牆裡的庭院木屋。3.4. 毛孩子的美食樂園。

那個家
臨近捷運：鳳山西站
地址：高雄市鳳山區文清路 15 號
電話：（07）777-7543
時間：10:00 ～ 21:00

那個家

隱居郊區的鄉村風寵物餐廳

有著紅磚牆，配上三角屋頂的淺藍色木造平房，加上一大片庭院綠地，一眼望去是多麼清新的色彩組合，在城市郊區能夠坐擁這樣一間濃濃鄉村風的家，真是令人欣羨不已。從小木門進入，木造小屋宛如插畫家筆觸淡淡地上色，庭前大樹在豔陽下更顯得綠意盎然，坐在樹下的小木椅乘涼，或靠在屋簷下的木棧板放空，毛孩子們在院子裡追逐奔跑，這是在「那個家」最常見的生活日常。

「那個家」其實是寵物餐廳，店長亮亮笑說「『那個』是我們家狗寶貝的名字，當時突發奇想就將這裡叫做那個家」，這個有趣的店名，常常讓客人告訴他們因為這個名字引發的一連串詼諧的對話。「那個家」規劃得很貼心，小木屋左右兩邊各分成狗區和貓區，狗狗們有不同高度的餐桌，貓貓們則有專屬貓道可玩耍，寬敞的空間布置讓毛孩子們超級享受。

大狗吃不飽、小狗吃不完的寶貝餐，都是店長亮亮現打原汁厚牛肉餅，不過主人們可別和家中的毛小孩吃味了，店內供應多種義大利麵、燉飯，現點現做的真材實料，還有每每上桌、濃濃奶香令人驚呼的「法式燻火腿乳酪女士」，以及最令饕客們期待的就是老闆駐店時才供應的「隨便 or 不隨便」隱藏版料理。

令人驚豔的「法式燻火腿乳酪女士」。

有。野餐 Picnic to go

自由的早午餐專賣店

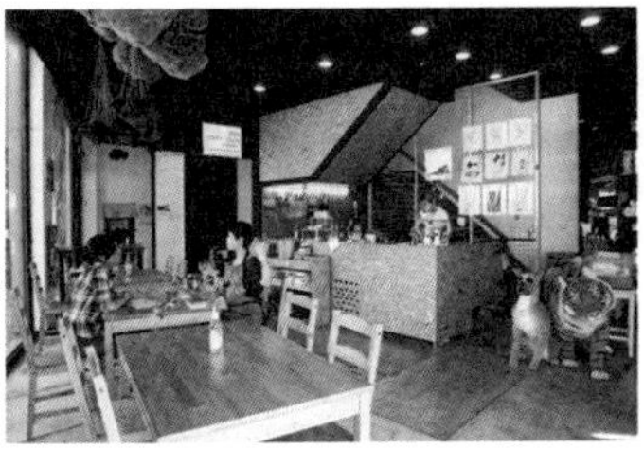

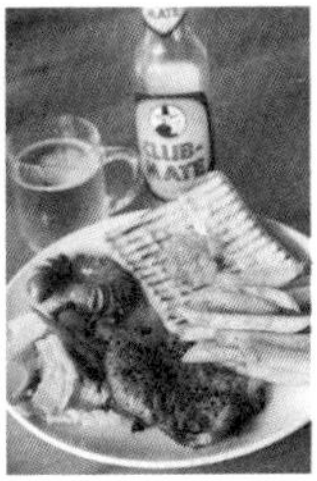

1 2
3

1.2. 來店裡享用氣氛自由的早午餐。3. 隱蔽的店址很容易讓人擦身而過。

有。野餐 Picnic to go
臨近捷運：鳳山站
地址：高雄市鳳山區光遠路 279 巷 3 號
電話：（07）719-8685
時間：09:00～17:00

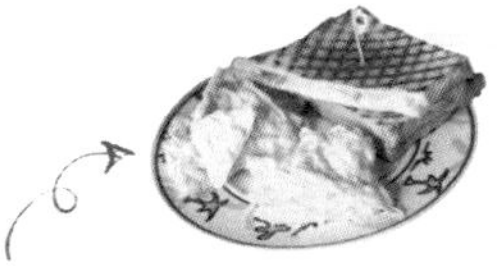

早午餐也有配合展覽主題喔！

光是聽到野餐的名字，瞬間便湧上一股悠閒的生活情趣，「有。野餐」的幕後推手 Chenchen 說：「我們在巷子裡，沒有人來人往的干擾，大片落地窗圍繞，在這裡自在地用餐、聊天或是看書、聽音樂，是我們想看見並想呈現的生活畫面。」

「有。野餐」距離鳳山捷運站僅僅三分鐘路程，但因藏在巷道裡，常常連在地人都不知道原來這家店就位在市中心，倒是很多人先發現巷口，那塊像是手寫生活日記一般的黑板，然後目光不經意便停留在眼前這棟白色建築物上了。Chenchen 善用大面落地窗的自然優勢，在窗外設計了野餐綠地平台，隨興所至就將自己的書刊讀物分享放在草地上，就算是路過也可以免費看書、免費乘涼。

「有。野餐」的早午餐料理內容，有時隨季節變換食材，有時搭配展覽推出創意主題，專為蔬食者設計的燉菜起司和金瓜炒野菇口味，還有現炒的羅勒青醬雞肉燉飯，再配上自家烘焙的單品咖啡，在心頭預設美食時光，輕輕鬆鬆去野餐。

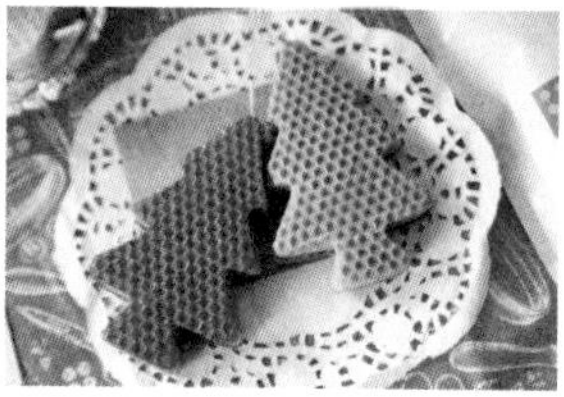

「織織人 67 號」的
鳳山打鐵圖紋抱枕套。

可萊歐小商行

臨近捷運：大東站
地址：高雄市鳳山區光遠路 238 巷 10 號
電話：（07）740-5832
時間：13:00 ～ 18:00

台灣好物手作職人

可萊歐小商行

步出捷運大東站，前方就是鳳山公車轉運站，往人行步道走去，可萊歐小商行的小店反倒成為巷道最醒目的亮點，這裡沒有整排商店街的商業氣息，唯獨可萊歐小商行的落地窗和小黑板三腳架自成一幅生活風景。

可萊歐小商行是日青創藝工作室所成立的鳳山在地文創據點，不同於個人工作室，而是一間很迷你的小商店，這裡有國際良品、台灣好物、手製職人、文創產品的推介，而且每個月持續不斷地推出手作課程，如情人節乾燥花束、金盞花萬用膏、護唇膏、手工皂、皮革染色護照套、敲敲話甜蜜暗號長項鍊、手作木湯匙、羊毛氈杯墊、精油香氛蠟燭，這裡販售的生活用品實用又便利，自從手作課程開辦之後，受到當地人廣泛迴響，甚至成為高雄在地文創工作者的合作平台。

日青創藝策劃 Clilo 說，可萊歐小商行想把一些天然、手感、平價的好物介紹給大家，會讓人想好好珍惜，所以每一個手作好物都是經過精挑細選，實踐「美好生活就在身邊」的理念。這裡沒有大品牌的迷思，主要是台灣手作概念，「4 樓公寓」的天然精油大豆驅蚊蠟燭、「木子到森 MoziDozen」的檜木筆和小夜燈、「陶引工房」的北極熊冰山杯，這些近年竄起的新銳文創品牌，讓這間小商行蓬蓽生輝。

雖然可萊歐小商行也有推出自家商品，但 Clilo 強調，結合鳳山文史背景才是深耕在地的初衷，以打鐵街提案設計的園藝小幫手，或來自鳳邑福德堂青草配方的五草皂，在在用有溫度的故事行銷自己的家鄉。

「花羽愛」的
乾燥花圈。

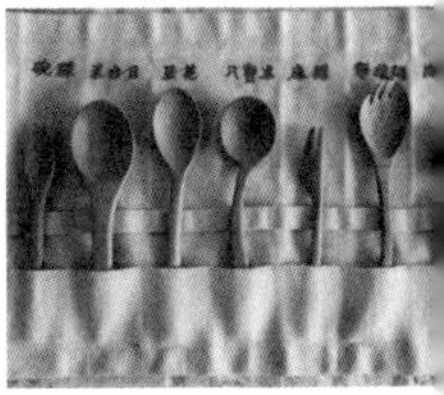

4 5 | 1 2 3
6
7

1.2.3.5.7. 販售高雄在地的文創雜貨。4.6. 日青創藝工作室。

25巷3號 caffe

菜市場旁的隱藏版手沖咖啡

淺焙的甘醇韻致。

25巷3號 caffe

臨近捷運：大寮站（或台鐵後庄站步行約5分鐘）
地址：高雄市大寮區自強街25巷3號
電話：（07）703-0250
時間：10:00～20:00，週四店休
FB：25巷3號 caffe

這裡的店主人被部落客封為隱藏版的巷弄咖啡達人，慕名前往時總會詫異25巷3號咖啡館不在熱鬧的都會區，反而出現在曾是台灣米倉及具有紅豆鄉美名的大寮鄉鎮上。咖啡館位在大寮中庄市場旁，沒有時下文青風咖啡館的設計氛圍，從落地窗門望進咖啡館，反而有種平實的市場小販生活氣息。

老闆阮丹青從小在市場裡長大，十八歲時就已離鄉背井從事廚師工作，工作時偶然喝到精品咖啡讓他開啟了對咖啡的不同認知，並一直專精於提升自己的品嚐能力，直到有次因喝到淺焙咖啡而為之著迷，因而開啟了他鑽研世界各產區咖啡豆特性及烘豆技術。

在大寮純樸的農村裡，而且又是在婆婆媽媽們出沒的菜市場裡，開店賣手沖咖啡，果真會引起街談巷議的好奇與駐足。阿丹老闆在一年多前回到大寮市場的老家開設咖啡館，出乎意料地提供當地人學習品嚐手沖咖啡的飲食文化，鄉間人家不同於上班族來去匆匆，很多熟客都是定時報到，他笑說：「店裡偶爾也會出現專程來踢館的客人。」

看看黑板上寫著手沖咖啡本日特選，衣索比亞日曬豆、肯亞水洗豆等十多種咖啡豆選擇，阿丹老闆本身偏好淺焙到中淺焙咖啡，將咖啡豆天然味道顯現得更為出色，他特別推薦的espresso1+1又濃又香，168hr限量冰滴咖啡是要歷時冰滴十二小時、低溫冷藏七天，因此每一口都很珍貴；由於這裡只賣咖啡，阿丹老闆並不會限制攜帶外食，甚至還會大方告訴客人：「吃完油膩的食物後再來一杯黑咖啡超舒服的！」

隱藏版的咖啡館。

1.2. 中庄市場旁、在地人才知道的手沖咖啡館。3.4. 推薦單品手沖咖啡。

特別企劃 10 KAOHSIUNG

鳳山舊城新發現

高雄市文化公車鳳山線在捷運紅線大東站2號出口搭乘，起站「大東文化藝術中心」，沿途停靠鳳儀書院、鳳山火車站、平城砲台、澄瀾砲台、兵仔市、鳳山龍山寺，各位乘客準備發車了！

目前鳳山縣城最新修復的鳳儀書院，自清嘉慶十九年首開大門，整整歷時兩百年才重啟門扉，鳳儀書院被列為三級古蹟，重修後的書院設置四組別有特色的歷史場景塑像群。鳳山火車站前的曹公圳，原本是臭水溝如今鹹魚大翻身，砌石護岸的古城小調，近年成為單車騎士最喜愛的自行車道路線之一。

進入庶民日常生活裡，打鐵街原是東便門城內一條出入的小街道，早期是大陸駛往鳳山新城的小帆船上岸的必經之地，這裡高峰期曾多達三十多家打鐵店，盛況空前，一眼望去打鐵店招牌多以「信」字命

▼ 仿擬鳳山知縣——曹謹涖臨書院的群像，可想見當時的場面隆重。

1 2

1. 來文昌祠誠心祈求金榜題名。
2. 仿武科練武的人像，模樣逗趣。

名，打鐵老街充滿人文懷舊氛圍。俗稱兵仔市的鳳山第一公有市場，創建至今也有百年歷史，這裡曾是高屏地區國軍採買中心，因而得「第一」之名，許多小吃美食赫赫有名，扱吧麵、蘇家古早麵都不容錯過。

不只是古蹟可有新發現，這裡還有許多好吃、好逛的聚落夥伴，並且文創設計也悄悄在鳳山萌芽了；從捷運大東站步出就找得到可萊歐小商行，進去買一份「新城舊事小時光鳳山漫遊地圖」帶著走；「有。野餐」從鳳山捷運站步行也僅需三分鐘。這一帶有好吃的早午餐、現代設計感的文化藝術中心可休憩，或是嚐點小吃、喝杯下午茶，還能體驗 Sia Mi Love u u 夏米創意藝術坊的鄉村雜貨手作教學、木造建築的「那個家」鄉村風寵物餐廳；這一刻郊區巷弄吹起鄉村風，這種生活氣息真是對極了。

鳳儀書院將百年前的陞官圖變成時下熱門的桌上遊戲。

快來擲骰子一起玩科舉遊戲吧！

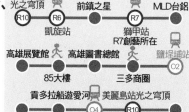

黃金遊程之旗津踩風

旗津，具有漁港小鎮的風貌，西側擁有高雄最美的海岸線，長達數公里以沙岸為主的海岸公園、風車公園，可以欣賞海岸景色，黃昏時更能感受落日情懷，是非常療癒的海岸線，渡輪站前的廟前路，有密集古蹟景點，還有美味的漁港小吃，除了步行或自行車代步，遊客更可乘坐保留了50年代風行的三輪車環島，體驗懷舊的時光之旅。

旗津踩風。

《玩法》旗津微旅行

捷運美麗島站欣賞光之穹頂→捷運橘線西子灣站→鼓山渡船頭(搭渡輪)→旗津→新宇自行車→旗后燈塔→星空隧道→海水浴場→貝殼館(黃金海韻、彩虹教堂)→風車公園→陽明海洋探索館→旗后商圈→渡輪→捷運

黃金遊程之水岸城市輕軌體驗

輕軌電車是未來城市交通的趨勢，也是整體都市景觀設計的一環，全台第一條輕軌落在高雄，正式駛進亞洲新灣區，沿線串起夢時代、高雄市立圖書館總館、高雄展覽館、海洋音樂流行中心等重要建設，成為亞洲第一條環繞美麗高雄港灣行駛的交通工具。具備一卡通功能的高屏澎好玩卡即可輕鬆搭乘，一覽沿線水岸城市風光。

。輕軌體驗

《玩法》幸福輕軌小旅行

捷運美麗島站→穹頂大廳欣賞光之穹頂→捷運橘線鹽埕埔站→鹽埕在地美食→駁二藝術特區→新光碼頭→輕軌高雄展覽館站(C8)→輕軌高雄軟體園區站(C7)→MLD台鋁→輕軌夢時代站(C5)→夢時代購物中心(Hello Kitty摩天輪)→接駁車→捷運凱旋站(R6)→賦歸

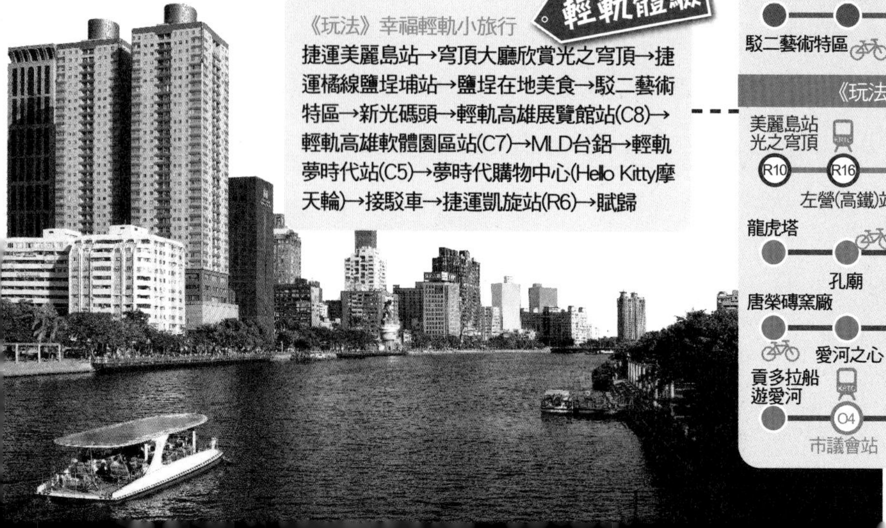

訪河遊港。

《玩法1》探索文化高雄

美麗島站光之穹頂 (R10) → 西子灣站 (O1) → 打狗鐵道故事館 → 打狗英國領事館 → 駁二藝術特區

香蕉碼頭 → 鹽埕小吃 → 貢多拉船遊愛河

《玩法2》漫遊老高雄

美麗島站光之穹頂 (R10) → 鹽埕埔站 (O2) → 鹽埕小吃 → 打狗英國領事館 → 新濱老街

打狗鐵道故事館 → 駁二藝術特區 → 貢多拉船遊愛河 → 市議會站 (O4) → 美麗島站六合夜市

《玩法3》亞洲新灣區

美麗島站光之穹頂 (R10) → 凱旋站 (R6) → 前鎮之星 → 獅甲站 R7創藝所在 (R7) → MLD台鋁

高雄展覽館 → 85大樓 → 高雄圖書總館 → 三多商圈 → 鹽埕埔站 (O2)

駁二藝術特區 → 貢多拉船遊愛河 → 市議會站 (O4) → 美麗島站光之穹頂 (R10) → 六合夜市

《玩法4》生態樂活

美麗島站光之穹頂 (R10) → 左營(高鐵)站 (R16) → 蓮池潭 → 洲仔濕地 → 水上電動船纜繩滑水

龍虎塔 → 孔廟 → 凹子底站 (R16) → 市立美術館 → 中都濕地

唐榮磚窯廠 → 愛河之心 → 後驛站 (R12) → 鹽埕埔站 (O2) → 駁二藝術特區

貢多拉船遊愛河 → 市議會站 (O4) → 美麗島站 (R10) → 六合夜市

旅行台灣·首選高雄

訪河遊港，智慧旅遊

高屏澎好玩卡精選遊程，帶你走訪高雄魅力港灣

高屏澎好玩卡包含捷運一日車資及愛河貢多拉單次搭乘、無論是搭捷運、輕軌、租自行車、購物.....等，旅程暢行無阻。卡片雲端平台並規劃有多項高雄一日玩到飽的精選黃金路線，旅客可挑選自己喜歡的主題遊程，認識高雄的萬種風情。

寬廣的道路、綠蔭成林、深具城市美學印象的公共設施， 還有便利的輕軌與捷運，在過往幾年取代了高雄原本給人「工業都市」的印象，整治過後的愛河河道清澈，河岸旁人文景觀一一林立，蛻變後的高雄，更值得旅人們一探她的美麗。

高雄，非常適合自由行的城市，熱情友善的人文風情，便捷的交通、完整的觀光導覽資訊，都是旅途裡最好的陪伴。隨著「高屏澎好玩卡」的推出，智慧旅遊成為未來趨勢，高雄變得更好玩有趣，因為「高屏澎好玩卡」透過專屬平台彙整交通、住宿、觀光景點、餐飲、百貨、伴手禮等，可依個人需求輕鬆上網選購喜歡的旅遊行程及優惠商品，旅途中也能上網任意加價購，是體驗南台灣首選的智慧旅遊卡。

黃金遊程之訪河遊港

港灣，是高雄發展的基地，也是最具特色的城市風情，配合著亞洲新灣區的發展，讓高雄港灣形成一條時尚夢幻的旅遊線，有藝術創意的園區、具歷史底蘊的文化古蹟，時尚前衛的國際級建築、充滿人文特色的傳統美食、還有浪漫的河畔風光。

黃金遊程之祈福購物遊

高雄本身的宗教極為多元化，有許多知名的佛、道教寺廟、天主教與基督教教堂等，所在地又多為山水秀麗、風景名勝之地，這些寺廟、教堂都有一定的歷史與知名度，有著極具內涵的宗教文化，周邊多有風景名勝，喜愛宗教的民眾可以宗教為主題進行一場心靈觀光遊程。

高屏澎好玩卡針對宗教也推出有相關的套票遊程，只要299元，含台灣好玩卡(大樹版)、大樹祈福一日暢遊(可搭乘8次)、哈佛快線車資、 三和瓦窯DIY體驗券。

部落觀光。

《玩法1》茂林線自駕歡樂行

各格上租車服務站點(憑原民版面好玩卡享有格上租車7折優惠)→荖濃溪泛舟→茂林賞蝶步道→紫蝶3D視聽館→巴特芙來餐廳(午餐)→烏巴克藝術空間(DIY)→萬山部落→多納吊橋→多納部落

《玩法2》茂林線公車輕鬆遊

搭乘8025號公車至旗山轉運站(高雄火車站/高鐵左營站皆有站點)→旗山轉運站轉搭Joy部落公車(限周五六日搭乘、平日停駛)→茂林區公所站→紫蝶3D視聽館→巴特芙來餐廳(午餐)→烏巴克藝術空間(DIY)→萬山里站→萬山部落→鳳梨社區站→多納吊橋→蛇頭山觀景台→多納部落

祈福購物。

《玩法1》福路雙至一日遊

高鐵左營站→搭乘哈佛快線→佛光山(佛陀紀念館)→台灣好行-大樹祈福線(時刻表)→路線優惠店家→三和瓦窯(體驗"砌磚筆筒"DIY遊程)→大樹舊鐵橋→大東文化藝術中心→鳳山火車站→賦歸

《玩法2》心靈祈福一日遊

捷運左營高鐵站→搭乘哈佛快線前往佛陀紀念館→返回捷運左營高鐵站→捷運橋頭糖廠站→橋頭糖廠及十鼓文創園區

旅行台灣・首選高雄

高雄好行，旅遊 So Easy

高屏澎好玩卡整合高捷、公車、渡輪、愛之船...更還有高屏澎近千商家，涵蓋食宿遊購行，讓旅程省下不少交通開銷。卡片除了推薦的黃金行程外，也可以依自己喜好及卡片提供的相關優惠自由安排，非常適合自由行的旅客使用，處處便利，樣樣優惠。

『高屏澎』好玩卡以高捷「一卡通」為基礎，首創開發「食宿遊購行」的旅遊購物平台，遊客可輕鬆在網路平台挑選行程及預購優惠商品，集結「跨域整資源」、「商務電子化」、「交通無縫隙」、「服務不打烊」、「行程最好玩」五大特色，首創旅遊雲端商務平台、行動APP、景點即時推播等智慧旅遊功能、整合捷運、公車、渡輪及台灣好行觀光巴士等多元運具，及廣佈各區的類i-center， 按四季節慶規劃黃金遊程、主題遊程、優惠套裝遊程、自選遊程等，讓旅客有多元的遊程選擇。

黃金遊程之部落觀光

高雄除了美麗港灣之外，也有非常豐富的山野風情與多元族群文化，尤其是原民部落風光，有別於繁華的都市旅程，更是另一番質樸風味，不僅可以品嚐各區的農特產品、賞玩花季還能參與傳統文化祭典，四季的高雄原民部落各有不同風情，非常值得體驗一番。

▉情報旅遊

高雄巷弄日和

文創聚落、朝氣小舖、輕食咖啡，暢遊陽光海港城新亮點

作　　者：陳婷芳
攝　　影：六本木視覺創意產房・曾信耀
主　　編：俞聖柔
責任編輯：李奕昀
校　　稿：陳婷芳、李奕昀、陳婕妤
美術排版：陳麗珠
封面設計：高茲琳
地圖繪製：Carol Yang

發 行 人：洪祺祥
總 編 輯：林慧美
副總編輯：謝美玲
法律顧問：建大法律事務所
財務顧問：高威會計師事務所

出　　版：日月文化出版股份有限公司
製　　作：山岳文化
地　　址：台北市信義路三段 151 號 8 樓
電　　話：(02)2708-5509
傳　　真：(02)2708-6157
客服信箱：service@heliopolis.com.tw
網　　址：www.heliopolis.com.tw
郵撥帳號：19716071 日月文化出版股份有限公司

總 經 銷：聯合發行股份有限公司
電　　話：(02)2917-8022
傳　　真：(02)2915-7212
印　　刷：禾耕彩色印刷事業有限公司
初　　版：2016 年 10 月
定　　價：350 元
I S B N ：978-986-248-594-1

國家圖書館出版品預行編目資料

高雄巷弄日和：文創聚落、朝氣小舖、輕食咖啡，暢遊陽光海港城新亮點／陳婷芳著 . -- 初版 . -- 臺北市：日月文化，2016.10
240 面；17x20 公分 . --（情報旅遊）
ISBN 978-986-248-594-1（平裝）

1. 旅遊 2. 高雄市
733.9 ／ 131.6　　105015816

日月文化集團
HELIOPOLIS
CULTURE GROUP
客服專線 02-2708-5509
客服傳真 02-2708-6157
客服信箱 service@heliopolis.com.tw

廣告回函
台灣北區郵政管理局登記證
北台字第 000370 號
免貼郵票

日月文化集團 讀者服務部 收

10658 台北市信義路三段151號8樓

對折黏貼後，即可直接郵寄

日月文化網址：**www.heliopolis.com.tw**

最新消息、活動，請參考 FB 粉絲團

大量訂購，另有折扣優惠，請洽客服中心（詳見本頁上方所示連絡方式）。

日月文化　EZ TALK　EZ Japan　EZ Korea

大好書屋・寶鼎出版・山岳文化・洪圖出版　EZ叢書館　EZKorea　EZTALK　EZJapan

日月文化集團
HELIOPOLIS
CULTURE GROUP

感謝您購買 **高雄巷弄日和**：文創聚落、朝氣小舖、輕食咖啡，暢遊陽光海港城新亮點

為提供完整服務與快速資訊，請詳細填寫以下資料，傳真至02-2708-6157或免貼郵票寄回，我們將不定期提供您最新資訊及最新優惠。

1. 姓名：＿＿＿＿＿＿＿＿　性別：□男　□女
2. 生日：＿＿＿年＿＿＿月＿＿＿日　職業：
3. 電話：（請務必填寫一種聯絡方式）
   （日）＿＿＿＿＿＿（夜）＿＿＿＿＿＿（手機）＿＿＿＿＿＿
4. 地址：□□□＿＿＿＿＿＿＿＿
5. 電子信箱：＿＿＿＿＿＿＿＿
6. 您從何處購買此書？□＿＿＿＿＿＿縣/市＿＿＿＿＿＿書店/量販超商
   □＿＿＿＿＿＿網路書店　□書展　□郵購　□其他
7. 您何時購買此書？　年　月　日
8. 您購買此書的原因：（可複選）
   □對書的主題有興趣　□作者　□出版社　□工作所需　□生活所需
   □資訊豐富　□價格合理（若不合理，您覺得合理價格應為＿＿＿＿）
   □封面/版面編排　□其他＿＿＿＿＿＿＿＿
9. 您從何處得知這本書的消息：　□書店　□網路／電子報　□量販超商　□報紙
   □雜誌　□廣播　□電視　□他人推薦　□其他
10. 您對本書的評價：（1.非常滿意 2.滿意 3.普通 4.不滿意 5.非常不滿意）
    書名＿＿＿＿內容＿＿＿＿封面設計＿＿＿＿版面編排＿＿＿＿文/譯筆＿＿＿＿
11. 您通常以何種方式購書？□書店　□網路　□傳真訂購　□郵政劃撥　□其他
12. 您最喜歡在何處買書？
    □＿＿＿＿＿＿縣/市＿＿＿＿＿＿書店/量販超商　□網路書店
13. 您希望我們未來出版何種主題的書？＿＿＿＿＿＿＿＿
14. 您認為本書還須改進的地方？提供我們的建議？

＿＿＿＿＿＿＿＿＿＿＿＿＿＿＿＿

＿＿＿＿＿＿＿＿＿＿＿＿＿＿＿＿

＿＿＿＿＿＿＿＿＿＿＿＿＿＿＿＿

＿＿＿＿＿＿＿＿＿＿＿＿＿＿＿＿